TÄIELIK PEPPERONI KOKARAAMAT

Pepperoni loomingu vürtsika maailma avastamine
100 retsepti kaudu

Tatjana Lõhmus

Autoriõigus materjal ©2023

Kõik õigused kaitstud

Ühtegi selle raamatu osa ei tohi mingil kujul ega vahenditega kasutada ega edastada ilma kirjastaja ja autoriõiguse omaniku nõuetekohase kirjaliku nõusolekuta, välja arvatud ülevaates kasutatud lühikesed tsitaadid. Seda raamatut ei tohiks pidada meditsiiniliste, juriidiliste või muude professionaalsete nõuannete asendajaks.

SISUKORD

- SISUKORD 3
- SISSEJUHATUS 6
- HOMMIKUSÖÖK 7
  1. PEPPERONI JA MOZZARELLA CRUFFIN 8
  2. ITAALIA PITSA VAHVLID 10
  3. PITSA SARVESAIAD 12
  4. VÜRTSIKAD PEPPERONI SARVESAIAD 14
  5. LAHTITÕMMATAV PIZZALEIB 16
  6. PEPPERONI JA JUUSTU OMLETT 18
  7. PEPPERONI HOMMIKUSÖÖK BURRITO 20
  8. PEPPERONI JA SPINATI HOMMIKUSÖÖGIMUFFINID 22
  9. PEPPERONI JA KARTULI HOMMIKUSÖÖGIHAŠŠ 24
  10. PEPPERONI JA SEENTE QUESADILLA 26
  11. PEPPERONI JA MUNA HOMMIKUSÖÖGIPIZZA 28
  12. PEPPERONI JA TOMATI HOMMIKUSÖÖGIVÕILEIB 30
  13. PEPPERONI JA CHEDDARI HOMMIKUSÖÖGIKÜPSISED 32
  14. PEPPERONI JA AVOKAADO HOMMIKUSÖÖGIPAKEND 34
  15. PEPPERONI JA HASH BROWN PAJAROOG 36
  16. PEPPERONI JA SUVIKÕRVITSA HOMMIKUSÖÖK FRITTATA 38
  17. PEPPERONI JA JUUSTU HOMMIKUSÖÖGIBAGEL 40
- SUUPISTED 42
  18. PEPPERONI LAASTUD 43
  19. KUUM PIZZA SUPER DIP 45
  20. PITSATÄIDISEGA BAGELIPOMMID 47
  21. PEPPERONI PIZZASKOONID 49
  22. PEPPERONI SAIAPULGAD 51
  23. RANCH PIZZA PINWHEELS 53
  24. PEPPERONI INGLISE MUFFINIPITSA 55
  25. CARBQUIK PEPPERONI LEIVAPULGAD 57
  26. JUUSTUMATUD PIZZARULLID 59
  27. ITAALIA PEPPERONI RULLID 61
  28. JALAPENO POMMID 63
  29. JUUSTUMATUD PITSARATTAD 65
  30. KIIRED JA OMAPÄRASED QUESADILLAD 67
  31. JUUST PEPPERONI PIZZA DIP 69
  32. RANCH PIZZA PINWHEELS 71
  33. PEPPERONI JA SPINATI TÄIDISEGA SEENED 73
  34. PEPPERONI, PROVOLONE & PECORINO PITA 75
  35. PEPPERONI JA JUUSTU KABOBID 77
  36. PEPPERONI JA TOORJUUSTU RULLID 79
  37. PEPPERONI JA OLIIVIHAMMUSTUSED 81

38. Pepperoni ja köögiviljatäidisega seened 83
PIZZA 85
  39. Carbquik valge pitsa 86
  40. Aed-basiiliku pepperoni pitsa 88
  41. Deep-Dish malmpitsa 90
  42. Faux pepperoni rameni pitsa 93
  43. Pepperoni ja köögiviljapizza 95
  44. Pepperoni ja peekoni BBQ Pizza 97
  45. Pepperoni ja Pesto Pizza 99
  46. Pepperoni ja seene Alfredo pizza 101
  47. Pepperoni ja spinati artišoki pitsa 103
  48. Pepperoni ja kana Alfredo lehtleivapitsa 105
  49. Mikrolaineahjus Kruus Pizza 107
  50. Pepperoni ja Buffalo kana pitsa 109
  51. Pizza Mac juust 111
  52. Pepperoni ja Vahemere pizza 113
PASTA 115
  53. Pepperoni ja vorstipasta küpsetamine 116
  54. Pepperoni lasanje 118
  55. Pepperoni ja brokkoli Alfredo täidetud karbid 120
  56. Pepperoni ja Ricotta täidisega karbid 122
  57. Juustune Pepperoni küpsetatud Rigatoni 124
  58. Pepperoni ja tomati Penne pasta 127
  59. Pepperoni ja brokkoli Alfredo Linguine 129
  60. Pepperoni ja spinati Rigatoni koos Marinaraga 131
  61. Pepperoni ja seente spagetid Aglio e Olio 133
  62. Pepperoni ja päikesekuivatatud tomati Pesto Cavatappi 135
  63. Pepperoni ja suvikõrvitsa nuudlite segamine 137
  64. Pepperoni ja röstitud punase pipra Fettuccine 139
  65. Pepperoni ja spargli sidruni spagetid 141
PÕHIROOG 143
  66. Pepperoni ja päikesekuivatatud tomati pesto lehtleib 144
  67. Carbquik pizza pajaroog 146
  68. Pepperoni kana 149
  69. Pepperoni ja seente kalzone 151
  70. Pepperoni ja spinati täidisega kana rinnad 153
  71. Pitsasupp küüslaugu röstsaia krutoonidega 155
  72. Pepperoni ja maisijahu-koorega kalamari 157
  73. Grilli kaltsoonid 159
  74. Pepperoni lihapallid 161
  75. Pepperoni ja köögiviljadega täidetud paprika 163
  76. Pepperoni ja köögiviljade stromboli 165
  77. Pepperoni ja Pesto Tortellini küpsetamine 167

SUPID 169
- 78. Pepperoni Pizza Chowder 170
- 79. Hautatud kalkuni tšilli pipraga 172
- 80. Pepperoni juustusupp 174
- 81. Pepperoni ja tomatisupp 176
- 82. Pepperoni ja oasupp 178
- 83. Pepperoni ja kartulipüree 180
- 84. Pepperoni ja läätsesupp 182
- 85. Pepperoni ja seene odrasupp 184
- 86. Pepperoni ja valge oa eskaroolisupp 186
- 87. Pepperoni ja Tortellini supp 188
- 88. Pepperoni ja spinati Orzo supp 190

SALATID 192
- 89. Tortellini salat 193
- 90. Antipasto Wontoni salat 195
- 91. Pepperoni ja pasta salat 197
- 92. Pepperoni ja Caesari salat 199
- 93. Pepperoni ja kikerhernesalat 201
- 94. Pepperoni ja avokaado Caprese salat 203
- 95. Pepperoni ja Quinoa salat 205
- 96. Pepperoni ja spinati maasikasalat 207
- 97. Pepperoni ja kikerherne Kreeka salat 209

MAGUSTOIT 211
- 98. Pepperoni ja šokolaadikoor 212
- 99. Vahtra Pepperoni koogikesi 214
- 100. Pepperoni pizza kook 216

KOKKUVÕTE 219

SISSEJUHATUS

Tere tulemast särisevale reisile kulinaarse universumi ühe armastatuima ja mitmekülgsema koostisosa – pepperoni – maailma. Raamatus "TÄIELIK PEPPERONI KOKARAAMAT" kutsume teid asuma maiteküllasele seiklusele, uurides vürtsikat, soolast ja otse maitsvat loomingut, mida saab selle ikoonilise vinnutatud lihaga valmistada.

Julge ja särtsaka profiiliga Pepperoni on pikka aega olnud pitsade lemmikkate, kuid see kokaraamat on siin selleks, et näidata, et selle potentsiaal ulatub pitsakarbist palju kaugemale. Olge üllatunud, kui tutvustame 100 hoolikalt koostatud retsepti, mis nihutavad selle maitsva vorstiga saavutatava piire. Alates eelroogadest ja pearoogadest kuni suupistete ja isegi magustoitudeni – sukeldume sügavale pepperoni vürtsikasse maailma, et muuta teie kulinaarne kogemus.

Liituge meiega, kui avastame omatehtud pepperoni valmistamise saladusi, avastame uuenduslikke viise selle lisamiseks oma roogadesse ja tähistame rikkalikku maitsevaiba, mille see mitmekülgne koostisosa lauale toob. Olenemata sellest, kas olete kogenud kokk või kodukokk, kes soovib katsetada, on "TÄIELIK PEPPERONI KOKARAAMAT" teie kulinaarse repertuaari täiustamise juhend.

Niisiis, kinnitage põll, teritage noad ja olge valmis asuma pepperonist kantud kulinaarsele teekonnale, mis ärritab teie maitsemeeli ja jätab ihale rohkem.

HOMMIKUSÖÖK

1. Pepperoni ja Mozzarella Cruffin

KOOSTISOSAD:
- Eelvalmistatud sarvesaia tainas
- Tükeldatud pepperoni
- Riivitud mozzarella juust
- Tomatikaste (kastmiseks, valikuline)
- Kuivatatud pune ja basiilik (valikuline)

JUHISED:

a) Kuumuta ahi sarvesaia taigna pakendil soovitatud temperatuurini.

b) Rullige sarvesaia tainas puhtal pinnal lahti ja jagage see olenevalt taigna tüübist üksikuteks kolmnurkadeks või ristkülikuteks.

c) Laota igale taignatükile järgmised koostisosad; viilutatud pepperoni, riivitud mozzarella juust ja näpuotsaga kuivatatud pune ja basiilik (soovi korral).

d) Rulli tainas laiemast otsast alustades kokku, et tekiks kruusi kuju. Sulgege servad, et täidis küpsetamise ajal välja ei valguks.

e) Aseta ettevalmistatud krõbinad muffinivormi või küpsetuspaberiga kaetud ahjuplaadile.

f) Küpseta eelkuumutatud ahjus sarvesaia taigna pakendil märgitud aja või seni, kuni krõbinad on kuldpruunid ning juust sulanud ja kihisev.

g) Kui soovid, võid Pepperoni ja Mozzarella Cruffinsi serveerida kastmiseks tomatikastmega.

2.Itaalia pitsa vahvlid

KOOSTISOSAD:
- 4 muna
- 1 tl Itaalia maitseainet
- 4 spl parmesani juustu
- 3 supilusikatäit mandlijahu
- 1 spl peekonimääre
- 1 spl Psyllium Husk pulbrit
- Sool ja pipar maitse järgi
- ½ tassi tomatikastet
- 1 tl küpsetuspulbrit
- 3 untsi Cheddari juustu
- 14 viilu Pepperoni

JUHISED:
a) Kombineerige kõik koostisosad, välja arvatud tomatikaste ja juust, sukelmikseriga mahutis.
b) Kuumuta vahvliraud ja vala pool taignast sinna.
c) Laske paar minutit küpsetada.
d) Katke iga vahvel tomatikastme ja juustuga.
e) Seejärel küpseta ahjus 4 minutit.
f) Soovi korral lisage nende peale pepperoni.

3.Pitsa sarvesaiad

KOOSTISOSAD:
- 1 leht lehttaigna, sulatatud
- ½ tassi pitsakastet
- ½ tassi riivitud mozzarella juustu
- ¼ tassi viilutatud pepperoni
- 1 muna, lahtiklopitud
- Itaalia maitseaine, puistamiseks

JUHISED:
a) Kuumuta ahi lehttaigna pakendil näidatud temperatuurini, tavaliselt umbes 375 °F (190 °C).
b) Voldi kergelt jahusel pinnal lahti sulatatud lehttaignaleht ja rulli see kergelt ühtlaseks.
c) Lõika lehttaigen noa või pitsalõikuri abil kolmnurkadeks. Sõltuvalt eelistatavast suurusest peaksite saama umbes 6-8 kolmnurka.
d) Määri igale lehttaignakolmnurgale õhuke kiht pitsakastet, jättes servade ümber väikese äärise.
e) Puista iga kolmnurga pitsakastme kihi peale rebitud mozzarella juustu.
f) Aseta paar pepperoni viilu juustu peale, jaotades need ühtlaselt.
g) Alustades iga kolmnurga laiemast otsast, rulli tainas ettevaatlikult terava otsa poole üles, moodustades sarvesaia kuju. Sulgege servad, et täidis küpsetamise ajal välja ei valguks.
h) Pane valmis pitsa croissantid küpsetuspaberiga kaetud ahjuplaadile, jättes nende vahele veidi ruumi, et küpsemise ajal paisuda.
i) Pintselda iga sarvesaia pealt lahtiklopitud munaga, mis annab küpsetamisel kauni kuldse värvi.
j) Lisamaitse lisamiseks puista iga sarvesaia peale Itaalia maitseainet.
k) Küpseta sarvesaia pitsa eelsoojendatud ahjus umbes 15-18 minutit või kuni need muutuvad kuldpruuniks ja paisuvad.
l) Pärast küpsetamist eemaldage sarvesaiad ahjust ja laske neil restil veidi jahtuda.
m) Serveerige maitsvaid omatehtud pizzasarvesaiu lõuna-, õhtusöögiks või piduliku suupistena. Need on kindlasti populaarsed nii lastele kui ka täiskasvanutele.

4. Vürtsikad Pepperoni sarvesaiad

KOOSTISOSAD:
- Põhiline sarvesaia tainas
- 6 untsi viilutatud pepperoni
- ¼ tassi hakitud mozzarella juustu
- ¼ tassi kuubikuteks lõigatud rohelist paprikat
- 1 muna lahtiklopitud 1 spl veega

JUHISED:
a) Rulli sarvesaia tainas suureks ristkülikuks.
b) Lõika tainas kolmnurkadeks.
c) Laota viilutatud pepperoni, riivitud mozzarella juust ja kuubikuteks lõigatud roheline paprika iga sarvesaia alumisele poolele.
d) Asetage sarvesaia ülemine pool tagasi ja vajutage õrnalt alla.
e) Aseta sarvesaiad vooderdatud ahjuplaadile, määri munapesuga ja lase 1 tund kerkida.
f) Kuumuta ahi temperatuurini 400 °F (200 °C) ja küpseta sarvesaiu 20-25 minutit, kuni need on kuldpruunid.

5. Lahtitõmmatav pizzaleib

KOOSTISOSAD:
- 12-oz. tuubis külmutatud helbeküpsised, neljandikku
- 1 T. oliiviõli
- 12 viilu pepperoni, neljaks lõigatud
- 1/4 c. riivitud mozzarella juust
- 1 sibul, hakitud
- 1 t. Itaalia maitseaine
- 1/4 t. küüslaugu sool
- 1/4 c. riivitud parmesani juust

JUHISED:
a) Pintselda küpsised õliga; kõrvale panema. Kombineeri ülejäänud koostisosad kausis; lisa küpsised.

b) Viska hästi; aseta Bundt ® pannile, mis on vooderdatud hästi määritud alumiiniumfooliumiga.

c) Küpseta 400 kraadi juures 15 minutit.

d) Keera leib pannilt välja; serveerimiseks lahti tõmbama.

6.Pepperoni ja juustu omlett

KOOSTISOSAD:
- 3 muna
- 1/4 tassi kuubikuteks lõigatud pepperoni
- 1/4 tassi riivitud juustu (cheddar või mozzarella)
- Sool ja pipar maitse järgi

JUHISED:
a) Klopi munad kaussi ning maitsesta soola ja pipraga.
b) Kuumuta mittenakkuva pann keskmisel kuumusel.
c) Vala lahtiklopitud munad pannile.
d) Puista kuubikuteks lõigatud pepperoni ja riivitud juust ühtlaselt ühele poolele omlettist.
e) Kui munad on hangunud, keera teine pool täidise peale.
f) Küpseta veel minut, seejärel libista omlett taldrikule.

7.Pepperoni Hommikusöök Burrito

KOOSTISOSAD:
- 2 suurt tortillat
- 1/2 tassi kuubikuteks lõigatud pepperoni
- 4 muna, vahupuder
- 1/4 tassi riivitud juustu
- Salsa (valikuline)

JUHISED:
a) Soojendage tortillasid kuival pannil või mikrolaineahjus.
b) Küpseta samal pannil kuubikuteks lõigatud pepperoni kergelt krõbedaks.
c) Vahusta munad ja lisa need koos pepperoniga pannile.
d) Kui munad on keedetud, tõsta segu lusikaga iga tortilla keskele.
e) Puista munadele riivitud juust ja voldi tortillad burritodeks.
f) Valikuline: serveeri koos salsaga.

8.Pepperoni ja spinati hommikusöögimuffinid

KOOSTISOSAD:
- 6 muna
- 1/2 tassi kuubikuteks lõigatud pepperoni
- 1 tass värsket spinatit, hakitud
- 1/4 tassi riivitud juustu
- Sool ja pipar maitse järgi

JUHISED:
a) Kuumuta ahi temperatuurini 375 °F (190 °C) ja määri muffinivorm rasvaga.
b) Klopi kausis lahti munad ning maitsesta soola ja pipraga.
c) Sega hulka kuubikuteks lõigatud pepperoni, hakitud spinat ja riivitud juust.
d) Vala segu muffinivormi, täites iga tassi umbes kahe kolmandiku ulatuses.
e) Küpseta 20-25 minutit või kuni muffinid on hangunud ja kergelt pruunistunud.

9.Pepperoni ja kartuli hommikusöögihašš

KOOSTISOSAD:
- 2 kartulit, tükeldatud
- 1/2 tassi kuubikuteks lõigatud pepperoni
- 1/2 sibulat, peeneks hakitud
- 2 küüslauguküünt, hakitud
- 2 spl oliiviõli
- Sool ja pipar maitse järgi

JUHISED:
a) Kuumuta oliiviõli pannil keskmisel kuumusel.
b) Lisa kuubikuteks lõigatud kartulid ja küpseta kuldpruuniks ja läbiküpseks.
c) Lisage pannile tükeldatud pepperoni, hakitud sibul ja hakitud küüslauk.
d) Maitsesta soola ja pipraga ning küpseta, kuni sibul on läbipaistev.
e) Serveeri räsi kuumalt, soovi korral ka praemunaga.

10.Pepperoni ja seente Quesadilla

KOOSTISOSAD:
- 2 suurt jahutortillat
- 1/2 tassi kuubikuteks lõigatud pepperoni
- 1/2 tassi viilutatud seeni
- 1/4 tassi kuubikuteks lõigatud paprikat
- 1/2 tassi riivitud juustu (teie valik)

JUHISED:
a) Küpseta pannil kuubikuteks lõigatud pepperoni kergelt krõbedaks.
b) Lisa pannile viilutatud seened ja kuubikuteks lõigatud paprika ning prae pehmeks.
c) Asetage tortilla pannile, puistake peale riivitud juust ning lisage pepperoni ja köögiviljasegu.
d) Tõsta peale teine tortilla ja küpseta, kuni juust on sulanud ja tortillad on kuldpruunid.
e) Lõika viiludeks ja serveeri.

11. Pepperoni ja muna hommikusöögipizza

KOOSTISOSAD:
- Pitsatainas (poest ostetud või omatehtud)
- 1/2 tassi pitsakastet
- 1 tass riivitud mozzarella juustu
- 1/2 tassi kuubikuteks lõigatud pepperoni
- 3 muna

JUHISED:
a) Kuumuta ahi vastavalt pitsataigna juhistele.
b) Rulli pitsa tainas lahti ja määri pitsakaste ühtlaselt laiali.
c) Puista pitsa peale riivitud mozzarella juust ja kuubikuteks lõigatud pepperoni.
d) Tee katetesse väikesed süvendid ja löö igasse süvendisse üks muna.
e) Küpseta pizzataigna juhendi järgi, kuni koorik on kuldne ja munad on teie maitse järgi küpsenud.

12. Pepperoni ja tomati hommikusöögivõileib

KOOSTISOSAD:
- Inglise muffinid, poolitatud ja röstitud
- 4 muna, praetud või munapuder
- 1/2 tassi kuubikuteks lõigatud pepperoni
- Viilutatud tomatid
- Viilutatud juust (Cheddari või Šveitsi juust)

JUHISED:
a) Keeda mune vastavalt oma eelistustele (praetud või munapuder).
b) Laota röstitud inglise muffinitele kihiti munad, tükeldatud pepperoni, viilutatud tomatid ja juust.
c) Pane võileib kokku ja serveeri kohe.

13.Pepperoni ja Cheddari hommikusöögiküpsised

KOOSTISOSAD:
- 2 tassi küpsisegu (poest ostetud või omatehtud)
- 2/3 tassi piima
- 1/2 tassi kuubikuteks lõigatud pepperoni
- 1/2 tassi hakitud Cheddari juustu

JUHISED:
a) Kuumuta ahi küpsisegu juhendi järgi.
b) Sega kausis küpsisegu, piim, tükeldatud pepperoni ja riivitud Cheddari juust.
c) Tõsta lusikatäied tainast küpsetusplaadile.
d) Küpseta küpsisegu juhendi järgi, kuni küpsised on kuldpruunid.

14. Pepperoni ja avokaado hommikusöögipakend

KOOSTISOSAD:
- 2 suurt tortillat
- 1/2 tassi kuubikuteks lõigatud pepperoni
- 1 avokaado, viilutatud
- 1/4 tassi kuubikuteks lõigatud tomateid
- 2 spl toorjuustu

JUHISED:
a) Määri iga tortilla toorjuustuga.
b) Laota iga tortilla ühele poolele kuubikuteks lõigatud pepperoni, avokaadoviilud ja tükeldatud tomatid.
c) Voldi tortillad pooleks, et tekiks wrapid.
d) Kuumuta pann ja rösti wrappe kergelt mõlemalt poolt, kuni tortilla on krõbe.

15. Pepperoni ja Hash Brown pajaroog

KOOSTISOSAD:
- 4 tassi külmutatud räsipruune, sulatatud
- 1/2 tassi kuubikuteks lõigatud pepperoni
- 1 tass hakitud Cheddari juustu
- 6 muna, lahtiklopitud
- 1 tass piima
- Sool ja pipar maitse järgi

JUHISED:
a) Kuumuta ahi temperatuurini 350 °F (175 °C) ja määri küpsetusvorm rasvaga.
b) Laota ahjuvormi sulatatud räsipruunid.
c) Puista räsipruunidele kuubikuteks lõigatud pepperoni ja riivitud Cheddari juust.
d) Vahusta kausis lahtiklopitud munad, piim, sool ja pipar. Vala peale räsipruunid.
e) Küpseta 30-35 minutit või kuni munad on hangunud ja pealt kuldpruun.

16.Pepperoni ja suvikõrvitsa hommikusöök Frittata

KOOSTISOSAD:
- 6 muna
- 1/2 tassi kuubikuteks lõigatud pepperoni
- 1 tass riivitud suvikõrvitsat
- 1/2 tassi fetajuustu, purustatud
- 1 spl oliiviõli
- Sool ja pipar maitse järgi

JUHISED:
a) Eelsoojendage broiler oma ahjus.
b) Pruunista ahjukindlal pannil oliiviõlis kuubikuteks lõigatud pepperoni ja riivitud suvikõrvits, kuni need on pehmenenud.
c) Klopi kausis lahti munad ning maitsesta soola ja pipraga. Vala peale pepperoni ja suvikõrvits.
d) Puista peale murendatud fetajuust ja küpseta pliidil, kuni servad on hangunud.
e) Tõsta pann broilerile ja prae, kuni pealt on kuldne ja munad on täielikult hangunud.

17. Pepperoni ja juustu hommikusöögibagel

KOOSTISOSAD:
- 2 bagelit, viilutatud ja röstitud
- 1/2 tassi kuubikuteks lõigatud pepperoni
- 1/4 tassi toorjuustu
- 1/2 tassi hakitud Monterey Jacki juustu
- Värsked basiilikulehed kaunistuseks (valikuline)

JUHISED:
a) Määri igale röstitud bagelipoolele toorjuust.
b) Puista toorjuustu peale tükeldatud pepperoni ja riivitud Monterey Jacki juustu.
c) Aseta bagelid küpsetusplaadile ja prae, kuni juust on sulanud ja mullitav.
d) Kaunista soovi korral värskete basiilikulehtedega ja serveeri.

SUUPISTED

18.Pepperoni laastud

KOOSTISOSAD:
- 24 viilu suhkruvaba pepperoni
- Õli

JUHISED:
a) Kuumuta ahi temperatuurini 425 ° F.
b) Vooderda ahjuplaat küpsetuspaberiga ja lao peale pepperoniviilud ühe kihina.
c) Küpsetage 10 minutit, seejärel eemaldage ahjust ja eemaldage liigne rasv paberrätikuga.
d) Pange ahju veel 5 minutiks või kuni pepperoni on krõbe.

19.Kuum pizza Super dip

KOOSTISOSAD:
- Pehmendatud Kreem juust
- majonees
- Mozzarella juust
- Basiilik
- pune
- Küüslauk pulber
- Pepperoni
- Must Oliivid
- Roheline Kelluke Paprika

JUHISED:
a) Sega sisse sinu pehmendatud kreem juust, majonees, ja a vähe natuke kohta mozzarella juust. Lisama a puista kohta basiilik, pune, petersell, ja küüslauk pulber, ja segage kuni see on kenasti kombineeritud.

b) Täida seda sisse sinu sügav nõu pirukas plaat ja levik seda välja sisse an isegi kiht.

c) Levik sinu pitsa kaste peal üleval ja lisama sinu eelistatud lisandid. Sest see näide, meie tahe lisama mozzarella juust, pepperoni must oliivid, ja roheline paprika. Küpseta juures 350 jaoks 20 minutit.

20. Pitsatäidisega bagelipommid

KOOSTISOSAD:
- 1 purk (8 untsi) jahutatud poolkuu tainast
- 4 mini pepperoni viilu
- 4 väikest kuubikut mozzarella juustu
- 1 tl Itaalia maitseainet
- 1 spl riivitud parmesani juustu
- ½ tassi marinara kastet soojendatult

JUHISED:
a) Kuumuta ahi temperatuurini 375 °F (190 °C).
b) Rulli poolkuu rullitainas lahti ja lõika 4 võrdseks ruuduks.
c) Aseta iga ruudu keskele üks pepperoni viil ja üks kuubik mozzarella juustu.
d) Murra taigna nurgad ümber täidise, moodustades pallikuju.
e) Puista täidetud pallid Itaalia maitseaine ja riivitud parmesani juustuga.
f) Asetage täidetud pallid ahjuplaadile ja küpsetage eelkuumutatud ahjus 12-15 minutit või kuni need on kuldpruunid.
g) Serveeri pitsatäidisega bagelipomme kastmiseks koos soojendatud marinara kastmega.

21. Pepperoni pizzaskoonid

KOOSTISOSAD:
- 2 tassi universaalset jahu
- ½ tl soola
- 1 spl küpsetuspulbrit
- ¼ teelusikatäit söögisoodat
- 2 spl suhkrut
- ⅓ tassi külma võid
- ½ tl granuleeritud küüslauku
- 1 ¼ tassi riivitud mozzarella juustu
- ¼ tassi riivitud Cheddari juustu
- 3½ untsi pakendatud pepperoni
- 1 tass piima

JUHISED:

a) Kuumuta ahi 400 kraadini. Vooderdage salv küpsetuspaberiga ja asetage see kõrvale.

b) Sega suures kausis kõik kuivained kokku. Sega hulka külm või ja lõika kondiitrilõikuri abil väikesteks tükkideks. Lõika pepperoni väiksemateks tükkideks ja sega see kuivainete hulka koos mozzarella ja cheddari juustudega. Lisa piim ja sega, kuni kõik koostisosad on korralikult niisutatud.

c) Puista vahapaberitükk ohtralt jahuga. Kraabi tainas vahapaberile ja lisa peale veel jahu.

d) Asetage taignale teine vahapaber ja suruge see 1,5–2 tolli paksuseks.

e) Eemaldage ettevaatlikult pealmine vahapaber. Lõika tainas nagu pirukas 8 tükiks ja aseta need küpsetuspaberile. Puista põhja kindlasti jahuga, et vältida kleepumist.

f) Küpseta 15-20 minutit või kuni skoonid on kuldpruunid. Serveeri neid soojalt marinara kastmega.

g) Nautige oma Pepperoni Pizza soolaseid skoone!

22.Pepperoni saiapulgad

KOOSTISOSAD:
- 2 tassi Bisquicki originaalset küpsetussegu
- ½ tassi külma vett
- ½ tassi tükeldatud pepperoni (umbes 2 untsi)
- ½ pulgake margariini või võid; sulanud
- 1 spl riivitud parmesani juustu
- 1 tass pitsakastet

JUHISED:
a) KUUMETA ahi 425 kraadini. Segage küpsetussegu, külm vesi ja pepperoni, kuni moodustub tainas; võita 20 lööki. Tõsta tainas küpsetusseguga kaetud pinnale; rulli õrnalt küpsetussegus, et katta. Sõtku 5 korda.
b) Rulli tainas 10-tolliseks ruuduks. Lõika pooleks. Lõika kumbki pool risti 14 ribaks. Keerake ribade otsad vastupidiste juhiste kohaselt.
c) Asetage määrimata küpsiseplaadile, surudes otsad küpsiseplaadile, et see kindlalt kinnituks. Pintselda ohtralt margariiniga. Puista peale juust.
d) KÜPSETA 10 kuni 12 minutit või kuni helekuldpruunini. Kuumuta pitsakaste kuumaks. Kasta saiapulgad pitsakastmesse. Umbes 28 saiapulka.

23. Ranch Pizza Pinwheels

KOOSTISOSAD:
- 1 toru (13,8 untsi) jahutatud pitsakoor
- ¼ tassi valmistatud rantšo salatikastet
- ½ tassi hakitud Colby-Monterey Jacki juustu
- ½ tassi kuubikuteks lõigatud pepperoni
- ¼ tassi hakitud rohelist sibulat
- Pitsakaste soojendatult või täiendav rantšo salatikaste, valikuline

JUHISED:
a) Rulli pitsatainas kergelt jahusel pinnal 12x10-tolliseks ristkülikuks. Laotage rantšo kaste ühtlaselt ¼ tolli raadiuses. servadest. Puista peale sibul, pepperoni ja juust. Alustades pikemast küljest, keerake nagu tarretis rulli.

b) Lõika 1-tolliseks. viilud. Tõsta rasvainega määritud ahjuplaadile, lõikepool allpool. Küpseta 10–13 minutit, kuni see on 425 ° juures kergelt pruunistunud. Serveeri soojalt koos ekstra rantšo kastme või pitsakastmega (valikuline). Ülejäägid jahutada.

24. Pepperoni inglise muffinipitsa

KOOSTISOSAD:
- 2 supilusikatäit pitsakastet
- 2 supilusikatäit riivitud mozzarella juustu
- Pepperoni pulgad, viilutatud õhukesteks ringideks
- Soovi korral lisandid: kuumad banaanipipra rõngad
- 3 inglise muffinit, poolitatud

JUHISED:
a) Kuumuta ahi temperatuurini 400 °F (200 °C).
b) Jagage iga inglise muffin pooleks ja asetage need küpsetusplaadile.
c) Määri igale muffinipoolele kiht pitsakastet.
d) Tõsta peale viilutatud pepperoni rõngad, juust ja valikulised kuumad banaanipipra rõngad.
e) Küpseta eelkuumutatud ahjus umbes 10-12 minutit või kuni servad on kuldsed ning juust kihisev ja kergelt pruunistunud.
f) Eemaldage ahjust ja laske neil enne serveerimist minut jahtuda.

25. Carbquik Pepperoni leivapulgad

KOOSTISOSAD:
- 2 tassi Carbquik
- ½ tassi külma vett
- ½ tassi peeneks hakitud pepperoni viile
- ¼ tassi võid, sulatatud
- 1 spl riivitud parmesani juustu
- Madala süsivesikusisaldusega pitsakaste (valikuline)

JUHISED:
a) Kuumuta oma ahi temperatuurini 425ºF.
b) Segage segamisnõus Carbquik, külm vesi ja peeneks hakitud pepperoni. Sega, kuni moodustub tainas, ja klopi, kuni tainas kausi küljest lahti tõmbub ega ole enam kleepuv.
c) Tõstke tainas Carbquikiga tolmutatud pinnale ja rullige see õrnalt Carbquikis, et see katta. Sõtku tainast viis korda.
d) Rulli tainas 10-tolliseks ruuduks. Seejärel lõigake see pooleks. Järgmisena lõika kumbki pool risti 15 ribaks.
e) Keerake ribade otsad vastassuundades, et anda neile kena keerduv kuju. Asetage need keerutatud ribad määrimata küpsiseplaadile, surudes otsad lehele, et need kindlalt kinnitada.
f) Pintselda leivapulkade tipud ohtralt sulavõiga ja puista peale riivitud parmesani.
g) Küpseta leivapulki eelsoojendatud ahjus 10–12 minutit või kuni need muutuvad helekuldpruuniks.
h) Kui soovite, soojendage madala süsivesikusisaldusega pitsakastet, kuni see on kuum ja kastmiseks valmis.
i) Serveeri saiapulgad soojalt koos dipikastmega. Nautige oma maitsvaid omatehtud saiapulki!

26.Juustumatud pizzarullid

KOOSTISOSAD:
- 1 päts (1 nael) külmutatud pitsatainast, sulatatud
- ½ tassi pastakastet
- 1 tass tükeldatud osaliselt kooritud mozzarella juustu, jagatud
- 1 tass jämedalt hakitud pepperoni (umbes 64 viilu)
- ½-naelane lahtiselt Itaalia vorst, keedetud ja murendatud
- ¼ tassi riivitud parmesani juustu
- Hakitud värske basiilik, valikuline
- Purustatud punase pipra helbed, soovi korral

JUHISED:
a) Kuumuta ahi 400°-ni. Rulli tainas kergelt jahusel pinnal 16x10-tolliseks ristkülik. Pintselda pastakastmega 0,5 tolli täpsusega servadest.

b) Puista peale ½ tassi mozzarella juustu, pepperoni, vorsti ja parmesani. Üles kerima želee-rulli stiil, alustades pikast küljest; pigista õmblust tihendamiseks.

c) Lõika 8 viiluks. Asetage rasvaga määritud 9-tollisele malmpannile või määritud 9-tollisele ümmargusele küpsetuspannile, lõikepool all.

d) Küpseta 20 minutit; puista peale ülejäänud mozzarella juust. Küpseta kuldseks pruun, 5-10 minutit kauem. Soovi korral serveeri hakitud värske basiiliku ja purustatud punasega piprahelbed.

27.Itaalia Pepperoni rullid

KOOSTISOSAD:
- 5 10-tollist jahutortillat
- 16 untsi toorjuustu pehmendatud
- 2 tl hakitud küüslauku
- ½ tassi hapukoort
- ½ tassi parmesani juustu
- ½ tassi Itaalia riivitud juustu või mozzarella juustu
- 2 tl Itaalia maitseainet
- 16 untsi pepperoni viilud
- ¾ tassi peeneks hakitud kollast ja oranži paprikat
- ½ tassi peeneks hakitud värskeid seeni

JUHISED:
a) Vahusta toorjuust segamisnõus ühtlaseks. Sega kaussi küüslauk, hapukoor, juust ja Itaalia maitseained. Sega kuni kõik on hästi segunenud.
b) Jaota segu ühtlaselt 5 jahutortilla vahele. Kata kogu tortilla juustuseguga.
c) Aseta juustusegu peale pepperonikiht.
d) Katke pepperoni jämedalt viilutatud paprikate ja seentega.
e) Keera iga tortilla tihedalt rulli ja mässi kilesse.
f) Tõsta vähemalt 2 tunniks külmkappi seisma.

28. Jalapeno pommid

KOOSTISOSAD:
- 1 tass võid, pehmendatud
- 3 untsi Toorjuust
- 3 viilu peekonit
- 1 keskmine jalapeno pipar
- 1/2 tl. Kuivatatud petersell
- 1/4 tl. Sibula pulber
- 1/4 tl. Küüslaugupulber
- Sool ja pipar maitse järgi

JUHISED:

a) Prae pannil 3 peekoniviilu krõbedaks.

b) Eemaldage peekon pannilt, kuid allesjäänud rasv säilita hilisemaks kasutamiseks.

c) Oodake, kuni peekon on jahtunud ja krõbe.

d) Puhasta jalapeno paprika seemned ja lõika seejärel väikesteks tükkideks.

e) Kombineeri toorjuust, või, jalapeno ja vürtsid. Maitsesta soola ja pipraga maitse järgi.

f) Lisa peekonirasv ja sega, kuni moodustub tahke segu.

g) Murenda peekon ja tõsta taldrikule. Veereta toorjuustusegust käega pallikesed ning seejärel veereta pall peekoni sisse.

29. Juustumatud pitsarattad

KOOSTISOSAD:

TAIGAS
- 1 13 untsi. pkg. jahutatud pitsa tainas

LIHTNE PITSAKASTE
- 2 tassi marinara kastet
- 1/2 tl sibulapulbrit, kuivatatud basiilikut, kuivatatud peterselli
- 1/4 tl kuivatatud pune küüslaugupulbrit, soola, pipart, purustatud punast pipart

TÄIDISED
- 1 tass värskelt riivitud mozzarella juustu
- 1/3 tassi värskelt riivitud parmesani juustu
- 32 pepperonist
- 1/2 tassi peeneks hakitud rohelist paprikat

JUHISED:

a) Kuumuta ahi 375 kraadini F. Vooderda küpsetusplaat küpsetuspaberiga. Kõrvale panema.

b) Rulli küpsetuspaberist lahti pikk tükk ja jahu.

c) Rulli tainas jahusel pärgamendil 12 × 16-tolliseks ristkülikuks.

d) Sega kõik pitsakastme koostisosad omavahel. Määri tainale ühtlaselt ¾ tassi pitsakastet, jättes ülemisele pikale servale 1-tollise äärise,

e) Küpsetage pepperoni mikrolaineahjus paberrätikuga kaetud plaadil 20 sekundit, seejärel pühkige üleliigne rasv maha. Ühtlane kaste mozzarella, pepperoni, rohelise paprika ja parmesaniga.

f) Alustades teile lähimast pikemast küljest, rullige tainas tihedalt kokku, näpistage välja kõik väljapääsevad koostisosad ja sulgege õmblus.

g) Lõika sakilise noaga rulli otsad ära ja viiluta rull 12 võrdseks tükiks.

h) Lõika need tükid kolmeks rattaks.

i) Asetage ratas, lõikepool üleval, ettevalmistatud küpsetusplaadile.

j) Küpseta 375 kraadi F juures 25-30 minutit või kuni tainas on kuldne.

k) Eemaldage ahjust ja laske 5 minutit jahtuda, enne kui eemaldate rattad pannilt restile.

l) Kaunista värske peterselliga ja soovi korral serveeri ülejäänud soojendatud pitsakastmega.

30. Kiired ja omapärased Quesadillad

KOOSTISOSAD:
- 2 10-tollist tortillat
- 2 spl pitsakastet
- 1 unts riivitud Cheddari juustu
- 1 unts riivitud mozzarella juustu
- 8 viilu pepperoni
- Toiduvalmistamise pihusti

JUHISED:

a) Prae pepperoni keskmise suurusega pannil krõbedaks. Eemaldage pannilt ja asetage kõrvale. Pühkige pann paberrätikuga.

b) Aseta üks tortilla taldrikule ja määri sellele kaks supilusikatäit pitsakastet.

c) Puista kastme peale pool riivitud cheddari ja mozzarella juustu.

d) Laota praetud pepperoni juustu peale.

e) Puista ülejäänud juust pepperoni peale ja kata ülejäänud tortillaga.

f) Pihustage pann küpsetuspritsiga ja eelsoojendage keskmisel kuumusel.

g) Asetage quesadilla ettevaatlikult pannile ja küpseta kolm kuni neli minutit mõlemalt poolt või kuni juust on sulanud ning tortillad on kergelt pruunistunud ja krõbedad.

31.Juust Pepperoni Pizza Dip

KOOSTISOSAD:
- Eelküpsetatud 12-tolline pitsakoor
- 1 tass röstitud küüslauku ja parmesani spagetikastet
- 1-1/2 tassi tükeldatud osaliselt kooritud mozzarella juustu
- 4 viilu Muensteri juustu, lõigatud õhukesteks ribadeks
- 20 viilu pepperoni, tükeldatud
- Kuivatatud pune, valikuline

JUHISED:

a) Seadke ahi temperatuurini 350 °, seejärel asetage pitsakoorega määrimata küpsetusplaadile ja küpsetage, kuni see on kuumenenud, umbes 9–12 minutit.

b) Samal ajal kuumuta väikeses kastrulis keskmisel madalal kuumusel spagetikastet. Pange pepperoni ja juustud, seejärel küpseta ja segage, kuni kaste on läbi kuumenenud ja juustud on sulanud. Soovi korral puista peale pune.

c) Lõika pitsakoor 1-1/2-tollisteks tükkideks. ribadeks ja serveeri soojalt koos kastmega.

32.Ranch Pizza Pinwheels

KOOSTISOSAD:
- 1 toru (13,8 untsi) jahutatud pitsakoor
- 1/4 tassi valmistatud rantšo salatikastet
- 1/2 tassi hakitud Colby-Monterey Jacki juustu
- 1/2 tassi kuubikuteks lõigatud pepperoni
- 1/4 tassi hakitud rohelist sibulat
- Pitsakaste, soojendatud või täiendav rantšo salatikaste, valikuline

JUHISED:
a) Rulli pitsa tainas 12x10-tolliseks. ristkülik kergelt jahusel pinnal. Ühtlaselt jaotatud rantšo kaste 1/4 tolli ulatuses. servadest. Puista peale sibul, pepperoni ja juust. Alustage pikast küljest, keerake nagu tarretis rulli.

b) Lõika 1-tolliseks. viilud. Pane võiga määritud ahjuplaadile, lõikepool all. Küpseta 10-13 minutit, kuni see on 425 ° juures kergelt pruunistunud. Serveeri soojalt koos ekstra rantšo kastme või pitsakastmega (valikuline). Ülejäägid jahutada.

33. Pepperoni ja spinati täidisega seened

KOOSTISOSAD:
- 24 suurt seeni, puhastatud ja varred eemaldatud
- 1/2 tassi kuubikuteks lõigatud pepperoni
- 1 tass hakitud värsket spinatit
- 1 tass toorjuustu, pehmendatud
- 1/2 tassi riivitud mozzarella juustu
- 1/4 tassi riivitud parmesani juustu
- Sool ja pipar maitse järgi

JUHISED:
a) Kuumuta ahi temperatuurini 375 °F (190 °C).
b) Sega kausis kokku kuubikuteks lõigatud pepperoni, hakitud spinat, toorjuust, mozzarella juust, parmesani juust, sool ja pipar.
c) Täida seguga iga seenekübar.
d) Aseta täidetud seened ahjuplaadile.
e) Küpseta 15-20 minutit või kuni seened on pehmed.
f) Serveeri soojalt.

34. Pepperoni, Provolone & Pecorino Pita

KOOSTISOSAD:
- 4 pitat
- ½ tassi röstitud, kooritud ja viilutatud punast ja/või kollast paprikat
- 2 küüslauguküünt, hakitud
- 4 untsi pepperoni, õhukeselt viilutatud
- 4 untsi provolone juustu, tükeldatud
- 2 spl värskelt riivitud pecorino juustu
- 4 Itaalia või Kreeka marineeritud paprikat, näiteks pepperoncini, õhukesteks viiludeks
- Oliiviõli pita harjamiseks

JUHISED:

a) Lõigake iga pita üks külg sisse ja avage need taskute moodustamiseks.

b) Asetage paprikad, küüslauk, pepperoni, provolone, pecorino ja paprika igasse pitasse ning vajutage sulgemiseks. Pintselda välisküljed kergelt oliiviõliga.

c) Kuumutage tugevat mittenakkuvat panni keskmisel-kõrgel kuumusel või kasutage võileivamasinat või paninipressi. Asetage võileivad pannile.

d) Alandage kuumust madalaks ja kaaluge võileibu , vajutades neid pruunistamise ajal. Küpseta ainult kuni juustu sulamiseni; te ei taha, et juust pruunistuks ja krõbedaks, lihtsalt selleks, et hoida kõik täidised koos.

e) Serveeri kohe.

35.Pepperoni ja juustu kabobid

KOOSTISOSAD:
- Pepperoni viilud
- Mozzarella või cheddari juustu kuubikud
- kirsstomatid
- Basiiliku lehed (valikuline)

JUHISED:
a) Lõika pepperoni viil hambaorki või väikesesse vardasse.
b) Lisa juustukuubik ja kirsstomat.
c) Korrake protsessi iga vardas.
d) Soovi korral lisa pepperoni ja juustu vahele basiilikuleht.
e) Aseta kabobid serveerimisvaagnale ja naudi.

36.Pepperoni ja toorjuustu rullid

KOOSTISOSAD:
- Pehmendatud toorjuust
- Pepperoni viilud
- Hapukurgi odad

JUHISED:
a) Määri peperoniviilule õhuke kiht toorjuustu.
b) Aseta ühte otsa hapukurgi oda ja veereta pepperoni ümber selle.
c) Kinnita vajadusel hambatikuga.
d) Korrake protsessi iga rullimise jaoks.
e) Serveeri ja naudi maitsete kombinatsiooni.

37.Pepperoni ja oliivihammustused

KOOSTISOSAD:
- Rohelised või mustad oliivid (kivideta)
- Pepperoni viilud
- Toorjuust

JUHISED:
a) Täida iga oliiv väikese koguse toorjuustukreemiga.
b) Mähkige iga oliivi ümber peperoni viil.
c) Kinnita hambatikuga.
d) Laota pepperoni ja oliivihammustused taldrikule ja naudi.

38.Pepperoni ja köögiviljatäidisega seened

KOOSTISOSAD:
- Suured seened, puhastatud ja varred eemaldatud
- Pepperoni viilud, peeneks hakitud
- Toorjuust
- Hakitud roheline sibul
- Riivitud Parmesani juust

JUHISED:
a) Kuumuta ahi temperatuurini 375 °F (190 °C).
b) Sega kausis toorjuust, hakitud pepperoni, hakitud roheline sibul ja riivitud parmesani juust.
c) Täida iga seenekübar toorjuustuseguga.
d) Aseta täidetud seened ahjuplaadile ja küpseta umbes 15-20 minutit või kuni seened on pehmed.
e) Serveeri soojalt maitsva pepperonist valmistatud suupistena.

PIZZA

39. Carbquik valge pitsa

KOOSTISOSAD:
- 1 ½ tassi Carbquik
- ⅓ tassi kuuma vett (120-140 kraadi)
- 8 untsi ricotta juustu (täispiim)
- 4 untsi viilutatud pepperoni
- ½ tassi viilutatud seeni
- 6 untsi hakitud mozzarella juustu

JUHISED:

a) Kuumuta ahi temperatuurini 450ºF (230ºC) ja määri 12-tolline pitsapann rasvaga.

b) Segage kausis Carbquiki segu ja väga kuum vesi, kuni moodustub pehme tainas. Sõtku tainast 2–3 minutit, kuni see on kuiv ja ei ole enam kleepuv.

c) Suru tainas pitsavormi.

d) Määri ricotta juust ühtlaselt taignale.

e) Kata pitsa viilutatud pepperoni, viilutatud seente ja hakitud mozzarella juustuga.

f) Küpseta pitsat kuumas ahjus alumisel siinil 12–15 minutit või kuni koorik on kuldpruun ja juust kihisev.

g) Võite olla loominguline oma lisanditega. Valge pitsa kohandamiseks kaaluge liha, paprikate, oliivide, spargli või suitsukala lisamist.

40.Aed-basiiliku pepperoni pitsa

KOOSTISOSAD:
- Sõtkumata leiva- ja pizzatainas, ½ naela
- Ekstra neitsioliiviõli, üks supilusikatäis
- Provolone juust, üks tass, riivitud
- Kirsstomatid, 2 tassi
- Mozzarella juust, üks tass, riivitud
- Purustatud tomatikonserv, ¾ tassi
- Viilutatud pepperoni, 8 tükki
- 1 küüslauguküüs, hakitud või riivitud
- Koššersool ja värskelt jahvatatud pipar
- Värske basiilik, kaunistuseks

JUHISED:
a) Rulli tainas kergelt jahuga ülepuistatud pinnal lahti.
b) Liigutage tainas ettevaatlikult ettevalmistatud lehtpannile.
c) Lao peale mozzarella ja provolone koos purustatud tomatitega.
d) Laota peale pepperoni.
e) Kombineeri kirsstomatid, küüslauk, oliiviõli, sool ja pipar.
f) Jaotage ühtlaselt pitsa peale.
g) Küpseta 10 kuni 15 minutit temperatuuril 450 ° F.
h) Aseta peale värsked basiilikulehed.
i) Tükelda ja naudi.

41. Deep-Dish malmpitsa

KOOSTISOSAD:
- 2 ¼ teelusikatäit aktiivset kuivpärmi
- ½ tl pruuni suhkrut
- 1 ¼ tassi sooja vett (110 kraadi F (43 kraadi C))
- 2 tassi universaalset jahu
- 2 tl küüslaugu soola
- ¼ tassi võid
- 2 tassi universaalset jahu
- 1 spl viinamarjaseemneõli
- 1 portsjon toiduvalmistamissprei
- ⅓ tassi lahtiselt sealihavorsti
- 1 (3,5 untsi) link Itaalia hulgivorst
- 2 spl viinamarjaseemneõli
- ½ tassi pitsakastet
- ⅓ tassi hakitud mozzarella juustu
- 24 viilu pepperoni
- ⅓ tassi hakitud mozzarella juustu
- 1 spl võid, pehmendatud
- ⅛ teelusikatäis Itaalia maitseainet
- ⅛ teelusikatäis küüslaugupulbrit

JUHISED:
a) Puista pärm ja fariinsuhkur püstmikseri kausis sooja vee peale varustatud taignakonksuga. Lase seista 5–10 minutit, kuni pärm pehmeneb ja hakkab moodustama kreemjat vahtu.

b) Lülitage mikser madalaimale asendile ja lisage aeglaselt 2 tassi jahu 1/2 tassi kaupa. Lisa küüslaugusool ja 1/4 tassi võid. Segage ülejäänud 2 tassi jahu ja sõtke, kuni tainas on ühtlane ja elastne, 5–7 minutit.

c) Määri suur klaaskauss 1 spl viinamarjaseemneõliga. Vormi tainast pall ja aseta kaussi, keerake kõik küljed õliga üle. Pihustage kiletükk küpsetusspreiga ja katke kauss lõdvalt. Kata kauss rätikuga ja lase soojas kohas kerkida, kuni tainas on kahekordistunud, umbes 45 minutit. Suruge tainas alla ja laske 20 minutit puhata.

d) Taigna puhkamise ajal kuumutage pannil keskmisel kuumusel; küpseta ja sega lahtiselt vorsti, kuni see on pruunistunud ja murene, umbes 5 minutit. Tõsta keedetud vorst lõhikuga lusikaga kaussi, jättes tilgad pannile. Prae itaalia vorstilinki tilgutades, kuni see on pruunistunud ja ei ole keskelt enam roosa, umbes 10 minutit. Viiluta vorst.

e) Kuumuta ahi temperatuurini 400 kraadi F (200 kraadi C). Määri 12-tolline malmpann 2 spl viinamarjaseemneõliga.

f) Suru tainas ettevalmistatud panni külgedele. Torka tainasse augud õhumullide vältimiseks kahvliga. Määri pitsakaste koorepõhja ümber. Puista 1/3 tassi mozzarella juustu kastme peale; laota pool lahtisest vorstist, pool viilutatud vorstist ja pool pepperoni juustu peale. Korda liha kihte. Tõsta peale ülejäänud 1/3 tassi mozzarella juustu.

g) Küpseta eelkuumutatud ahjus alumisel siinil, kuni koorik on kuldpruun, umbes 25 minutit. Pintselda koorik 1 spl võiga; maitsesta Itaalia maitseaine ja küüslaugupulbriga. Eemaldage pitsa pannilt ja laske enne viilutamist 3–5 minutit puhata.

42.Faux pepperoni rameni pitsa

KOOSTISOSAD:
- 1 (3 untsi) pakend rameni nuudleid, mis tahes maitsega
- 1 spl oliiviõli
- 1 (14 untsi) purki spagetikastet
- 1 C. madala rasvasisaldusega mozzarella juust, hakitud
- 3 untsi kalkuni pepperoni
- 1/2 tl kuivatatud pune

JUHISED:
a) Enne kui midagi ette võtate, soojendage ahjubroilerit.
b) Valmista nuudlid ilma maitseainepakita pakendil oleva juhendi järgi. Nõruta see.
c) Asetage suur ahjukindel pann keskmisele kuumusele. Kuumutage selles õli. Pruunista selles nuudlid ja suru 2 minutiks põhja, et tekiks koorik.
d) Valage kaste üle kogu nuudlite ja lisage sellele 2 untsi. pepperoni viilud. Puista peale juust, seejärel ülejäänud pepperoni ja pune.
e) Tõsta pann ahju ja küpseta neid 2–3 minutit või kuni juust sulab.
f) Laske pitsal 6 minutit kuumust kaotada . serveeri seda.
g) Nautige.

43. Pepperoni ja köögiviljapizza

KOOSTISOSAD:
- Pitsa tainas
- 1/2 tassi pitsakastet
- 1 1/2 tassi hakitud mozzarella juustu
- 1/2 tassi viilutatud pepperoni
- 1/2 tassi viilutatud paprikat (erinevad värvid)
- 1/2 tassi viilutatud musti oliive

JUHISED:
a) Kuumuta ahi ja rulli pitsa tainas lahti.
b) Määri pitsakaste taignale.
c) Puista peale ühtlaselt mozzarella juust.
d) Laota juustu peale viilutatud pepperoni, paprika ja mustad oliivid.
e) Küpseta pitsataigna juhendi järgi, kuni koorik on kuldne ja lisandid küpsed.

44.Pepperoni ja peekoni BBQ Pizza

KOOSTISOSAD:
- Pitsa tainas
- 1/2 tassi grillkastet
- 1 1/2 tassi hakitud mozzarella juustu
- 1/2 tassi viilutatud pepperoni
- 1/2 tassi keedetud ja purustatud peekonit
- Punase sibula viilud (valikuline)

JUHISED:
a) Kuumuta ahi ja rulli pitsa tainas lahti.
b) Määri taignale grillkaste.
c) Puista peale ühtlaselt mozzarella juust.
d) Laota juustu peale tükeldatud pepperoni ja purustatud peekon.
e) Soovi korral lisa punase sibula viilud.
f) Küpseta pitsataigna juhendi järgi, kuni koorik on kuldne ja katted kihisevad.

45.Pepperoni ja Pesto Pizza

KOOSTISOSAD:
- Pitsa tainas
- 1/2 tassi pesto kastet
- 1 1/2 tassi hakitud mozzarella juustu
- 1/2 tassi viilutatud pepperoni
- Kirsstomatid, poolitatud
- Katteks värske rukola

JUHISED:
a) Kuumuta ahi ja rulli pitsa tainas lahti.
b) Määri taignale pestokaste.
c) Puista peale ühtlaselt mozzarella juust.
d) Laota juustu peale viilutatud pepperoni ja kirsstomati poolikud.
e) Küpseta pitsataigna juhendi järgi, kuni koorik on kuldne ja lisandid küpsed.
f) Enne serveerimist tõsta peale värske rukola.

46. Pepperoni ja seene Alfredo pizza

KOOSTISOSAD:
- Pitsa tainas
- 1/2 tassi Alfredo kastet
- 1 1/2 tassi hakitud mozzarella juustu
- 1/2 tassi viilutatud pepperoni
- 1 tass viilutatud seeni
- Kaunistuseks värske petersell

JUHISED:
a) Kuumuta ahi ja rulli pitsa tainas lahti.
b) Määri taignale Alfredo kaste.
c) Puista peale ühtlaselt mozzarella juust.
d) Laota juustu peale viilutatud pepperoni ja seened.
e) Küpseta pitsataigna juhendi järgi, kuni koorik on kuldne ja lisandid küpsed.
f) Enne serveerimist kaunista värske peterselliga.

47.Pepperoni ja spinati artišoki pitsa

KOOSTISOSAD:
- Pitsa tainas
- Spinati artišoki dipikaste
- 1 1/2 tassi hakitud mozzarella juustu
- 1/2 tassi viilutatud pepperoni
- Värsked spinati lehed
- Katteks riivitud Parmesani juust

JUHISED:
a) Kuumuta ahi ja rulli pitsa tainas lahti.
b) Määri taignale spinati-artišoki dipikaste.
c) Puista peale ühtlaselt mozzarella juust.
d) Laota juustu peale viilutatud pepperoni ja värsked spinatilehed.
e) Küpseta pitsataigna juhendi järgi, kuni koorik on kuldne ja katted kihisevad.
f) Enne serveerimist puista peale riivitud parmesani juustu.

48.Pepperoni ja kana Alfredo lehtleivapitsa

KOOSTISOSAD:
- Lehtleib või naan
- 1/2 tassi Alfredo kastet
- 1 tass keedetud ja tükeldatud kana
- 1/2 tassi kuubikuteks lõigatud pepperoni
- 1 tass riivitud mozzarella juustu
- Kaunistuseks värsked basiilikulehed

JUHISED:
a) Kuumuta ahi temperatuurini 400 °F (200 °C).
b) Aseta vormileib ahjuplaadile.
c) Määri vormileivale Alfredo kaste.
d) Jaotage hakitud kanaliha ja kuubikuteks lõigatud pepperoni ühtlaselt kastme peale.
e) Puista peale mozzarella juust.
f) Küpseta 12-15 minutit või kuni juust on sulanud ja kuldne.
g) Enne serveerimist kaunista värskete basiilikulehtedega.

49.Mikrolaineahjus Kruus Pizza

KOOSTISOSAD:
- 4 spl universaalset jahu
- ⅛ teelusikatäis küpsetuspulbrit
- 1/16 tl söögisoodat
- ⅛ teelusikatäis soola
- 3 spl piima
- 1 spl oliiviõli
- 1 spl marinara kastet
- 1 helde supilusikatäis riivitud mozzarella juustu
- 5 mini pepperoni
- ½ tl kuivatatud Itaalia ürte

JUHISED:
a) Sega mikrolaineahjus kasutatavas kruusis jahu, küpsetuspulber, sooda ja sool.
b) Lisa piim ja õli ning sega läbi.
c) Tõsta lusikaga peale marinara kaste ja määri see taigna pinnale.
d) Puista peale juust, pepperoni ja kuivatatud ürte
e) Küpseta mikrolaineahjus 1 minut 20 sekundit või kuni see kerkib ja lisandid mullitavad .

50.Pepperoni ja Buffalo kana pitsa

KOOSTISOSAD:
- Pitsa tainas
- 1/2 tassi pühvlikastet
- 1 1/2 tassi hakitud mozzarella juustu
- 1/2 tassi viilutatud pepperoni
- 1/2 tassi keedetud ja tükeldatud kana pühvlikastmes
- Katteks sinihallitusjuustu murenevad

JUHISED:
a) Kuumuta ahi ja rulli pitsa tainas lahti.
b) Määri taignale pühvlikaste.
c) Puista peale ühtlaselt mozzarella juust.
d) Laota juustu peale viilutatud pepperoni ja pühvlikana.
e) Küpseta pitsataigna juhendi järgi, kuni koorik on kuldne ja lisandid küpsed.
f) Enne serveerimist raputa peale sinihallitusjuustupuru.

51. Pizza Mac juust

KOOSTISOSAD:
- 1 pakk (7-1/4 untsi) makaroni ja juustu õhtusöögi segu
- 6 tassi vett
- 1 nael veisehakkliha
- 1 keskmine sibul, hakitud
- 1 väike roheline paprika, tükeldatud
- 1-1/2 tassi tükeldatud osaliselt kooritud mozzarella juustu, jagatud
- 1-1/2 tassi hakitud Cheddari juustu, jagatud
- 1 purk (14 untsi) pitsakaste
- 1/2 tassi viilutatud pepperoni

JUHISED:
a) Pange õhtusöögi segust valmistatud juustupakk kõrvale. Aja vesi kastrulis keema. Lisa makaronid; küpseta 8-10 minutit, kuni see on pehme.
b) Vahepeal küpseta roheline pipar, sibul ja veiseliha suurel pannil keskmisel kuumusel, kuni need ei ole enam roosad; äravool.
c) Nõruta makaronid; ja sega juurde juustupaki sisu. Üleminek ringile 2-1/2-qt. rasvaga kaetud ahjuvorm. Puista peale 1/2 tassi cheddari juustu ja 1/2 tassi mozzarella juustu. Pane peale pepperoni, pitsakaste, veiselihasegu ja ülejäänud juustud.
d) Küpseta ilma kaaneta 30-35 minutit 350 ° juures, kuni see on hästi kuumenenud.

52.Pepperoni ja Vahemere pizza

KOOSTISOSAD:
- Pitsa tainas
- 1/2 tassi hummust
- 1 1/2 tassi hakitud mozzarella juustu
- 1/2 tassi viilutatud pepperoni
- Kirsstomatid, poolitatud
- Kalamata oliivid, viilutatud
- Katteks fetajuustu murenevad

JUHISED:
a) Kuumuta ahi ja rulli pitsa tainas lahti.
b) Määri tainas hummusega.
c) Puista peale ühtlaselt mozzarella juust.
d) Aseta juustu peale viilutatud pepperoni, kirsstomatid ja Kalamata oliivid.
e) Küpseta pitsataigna juhendi järgi, kuni koorik on kuldne ja lisandid küpsed.
f) Enne serveerimist raputa peale fetajuustupuru.

PASTA

53. Pepperoni ja vorstipasta küpsetamine

KOOSTISOSAD:
- 8 untsi penne pasta
- 1/2 tassi kuubikuteks lõigatud pepperoni
- 1/2 tassi keedetud ja purustatud Itaalia vorsti
- 1 purk (14 untsi) purustatud tomateid
- 1 tass riivitud mozzarella juustu
- 1/4 tassi riivitud parmesani juustu
- 1 tl kuivatatud pune
- 1/2 tl küüslaugupulbrit
- Sool ja pipar maitse järgi

JUHISED:
a) Keeda penne pasta vastavalt pakendi juhistele; äravool.
b) Kuumuta ahi temperatuurini 375 °F (190 °C).
c) Sega suures kausis keedetud pasta, kuubikuteks lõigatud pepperoni, purustatud vorst, purustatud tomatid, pune, küüslaugupulber, sool ja pipar.
d) Tõsta segu ahjuvormi ning puista peale mozzarella ja parmesani juustud.
e) Küpseta 20-25 minutit või kuni juust on sulanud ja mullitav.
f) Enne serveerimist lase veidi jahtuda.

54.Pepperoni lasanje

KOOSTISOSAD:
- ¾ naela veisehakkliha
- ¼ tl jahvatatud musta pipart
- ½ naela salaami, tükeldatud
- 9 lasanje nuudlit
- ½ naela pepperoni vorsti, tükeldatud
- 4 tassi riivitud mozzarella juustu
- 1 sibul, hakitud
- 2 tassi kodujuustu
- 2 (14,5 untsi) purki hautatud tomateid
- 9 viilu valget Ameerika juustu
- 16 untsi tomatikastet
- riivitud parmesani juust
- 6 untsi tomatipastat
- 1 tl küüslaugupulbrit
- 1 tl kuivatatud pune
- ½ teelusikatäit soola

JUHISED:
a) Prae pepperoni, veiseliha, sibulat ja salaamit 10 minutit. Eemaldage liigne õli. Sisestage kõik aeglasele pliidile madalal kuumusel koos pipra, tomatikastme ja -pasta, soola, hautatud tomatite, pune ja küüslaugupulbriga 2 tunniks.
b) Enne jätkamist lülitage ahi sisse 350 kraadini.
c) Keeda lasanjet soolases vees 10 minutit al dente keemiseni, seejärel eemalda kogu vesi.
d) Kandke oma ahjuvormi kerge kate kastmega ja seejärel kiht: ⅓ nuudlid, 1 ¼ tassi mozzarellat, ⅔ tassi kodujuustu, Ameerika juustu viilud, 4 tl parmesani, ⅓ liha. Jätka, kuni roog on täis.
e) Küpseta 30 minutit.

55. Pepperoni ja brokkoli Alfredo täidetud karbid

KOOSTISOSAD:
- 1 karp jumbo pastakoored, keedetud vastavalt pakendi juhistele
- 1/2 tassi kuubikuteks lõigatud pepperoni
- 2 tassi keedetud ja tükeldatud brokolit
- 2 tassi Alfredo kastet
- 1 tass riivitud mozzarella juustu
- 1/4 tassi riivitud parmesani juustu
- Kaunistuseks värske petersell

JUHISED:
a) Kuumuta ahi temperatuurini 375 °F (190 °C).
b) Segage kausis tükeldatud pepperoni, hakitud brokkoli ja 1 tass Alfredo kastet.
c) Täida seguga iga keedetud pastakarp.
d) Aseta täidetud kestad ahjuvormi ja kata ülejäänud Alfredo kastmega.
e) Puista peale mozzarella ja parmesani juustu.
f) Küpseta 25-30 minutit või kuni kestad on läbi kuumenenud ja juust sulanud.
g) Enne serveerimist kaunista värske peterselliga.

56.Pepperoni ja Ricotta täidisega karbid

KOOSTISOSAD:
- 1 karp jumbo pastakoored, keedetud vastavalt pakendi juhistele
- 1/2 tassi kuubikuteks lõigatud pepperoni
- 1 tass ricotta juustu
- 1 tass riivitud mozzarella juustu
- 1 muna
- 2 tassi marinara kastet
- Kaunistuseks värske petersell

JUHISED:
a) Kuumuta ahi temperatuurini 375 °F (190 °C).
b) Sega kausis omavahel kuubikuteks lõigatud pepperoni, ricotta juust, mozzarella juust ja muna.
c) Täida seguga iga keedetud pastakarp.
d) Aseta täidetud karbid ahjuvormi ja kata marinara kastmega.
e) Küpseta 25-30 minutit või kuni kestad on läbi kuumenenud.
f) Enne serveerimist kaunista värske peterselliga.

57.Juustune Pepperoni Küpsetatud Rigatoni

KOOSTISOSAD:
- 16 untsi rigatoni pasta
- 1 spl oliiviõli
- 1 väike sibul, peeneks hakitud
- 2 küüslauguküünt, hakitud
- 24 untsi marinara kastet
- ½ tl kuivatatud oreganot
- ½ tl kuivatatud basiilikut
- Sool ja pipar maitse järgi
- 2 tassi riivitud mozzarella juustu
- 1 tass riivitud parmesani juustu
- 40 viilu pepperoni
- Kaunistuseks värske petersell, hakitud

JUHISED:
a) Keeda rigatoni pasta vastavalt pakendi juhistele al dente'iks.
b) Nõruta ja tõsta kõrvale.
VALMISTA KASTE:
c) Kuumuta suurel pannil keskmisel kuumusel oliiviõli.
d) Lisa hakitud sibul ja küüslauk ning prae läbipaistvaks.
e) Segage marinara kaste, kuivatatud pune, kuivatatud basiilik, sool ja pipar.
f) Hauta paar minutit, seejärel eemalda tulelt.
KOKKUVÕTE JA KÜPSETA:
g) Kuumuta ahi temperatuurini 375 ° F (190 ° C).
h) Sega suures segamiskausis omavahel keedetud rigatoni pasta ning pool rebitud mozzarellast ja parmesani juustust.
i) Lisa valmis tomatikaste ja sega, kuni pasta on korralikult kaetud.
j) Määrige määritud 9x13-tollise ahjuvormi põhjale väike kogus pastasegu.
k) Aseta peale kiht pepperoni viile.
l) Jätkake veel ühe pastasegu kihiga, millele järgneb pepperoni kiht.
m) Korrake kihte, kuni kõik koostisosad on kasutatud, lõpetades kihiga pepperoni peal.
n) Puista ülemisele pepperoni kihile ülejäänud rebitud mozzarella ja parmesani juust.

o) Kata ahjuvorm fooliumiga ja küpseta umbes 20 minutit.
p) Eemalda foolium ja küpseta veel 10 minutit või kuni juust on sulanud ja mullitav.
q) Kui soovid, võid rooga minuti või paar praadida, et juust saaks pealt kuldne ja krõbe.
r) Kui olete valmis, eemaldage see ahjust, kaunistage värske peterselliga ja serveerige kuumalt üksikutel taldrikutel.

58.Pepperoni ja tomati Penne pasta

KOOSTISOSAD:
- 8 untsi penne pasta
- 1/2 tassi kuubikuteks lõigatud pepperoni
- 1/2 tassi kirsstomateid, poolitatud
- 2 küüslauguküünt, hakitud
- 1/4 tl punase pipra helbeid (valikuline)
- 1/4 tassi riivitud parmesani juustu
- Kaunistuseks värsked basiilikulehed
- Oliiviõli
- Sool ja must pipar maitse järgi

JUHISED:
a) Keeda penne pasta vastavalt pakendi juhistele. Nõruta ja tõsta kõrvale.
b) Kuumuta pannil oliiviõli keskmisel kuumusel. Lisa hakitud küüslauk ja kuubikuteks lõigatud pepperoni. Prae, kuni pepperoni on kergelt krõbe.
c) Lisa kirsstomatid ja küpseta, kuni need hakkavad pehmenema.
d) Viska sisse keedetud penne pasta, punase pipra helbed (kui kasutad) ja riivitud parmesani juust. Segage, kuni see on hästi segunenud.
e) Maitsesta soola ja musta pipraga maitse järgi.
f) Enne serveerimist kaunista värskete basiilikulehtedega.

59.Pepperoni ja brokkoli Alfredo Linguine

KOOSTISOSAD:
- 8 untsi linguine pasta
- 1/2 tassi kuubikuteks lõigatud pepperoni
- 1 tass brokkoli õisikuid
- 1 tass Alfredo kastet
- 1/4 tassi riivitud Pecorino Romano juustu
- Sool ja must pipar maitse järgi
- Kaunistuseks värske petersell

JUHISED:
a) Keeda linguine pasta vastavalt pakendi juhistele. Lisa brokkoli keeduvette keetmise viimasel 3 minutil. Nõruta ja tõsta kõrvale.
b) Kuumuta pannil Alfredo kaste keskmisel kuumusel. Lisa kuubikuteks lõigatud pepperoni ja küpseta paar minutit, kuni see on läbi kuumenenud.
c) Viska sisse keedetud linguine ja brokkoli. Segage, kuni see on Alfredo kastmega hästi kaetud.
d) Puista pastale riivitud Pecorino Romano juust ja sega läbi.
e) Maitsesta soola ja musta pipraga maitse järgi.
f) Enne serveerimist kaunista värske peterselliga.

60.Pepperoni ja spinati Rigatoni koos Marinaraga

KOOSTISOSAD:
- 8 untsi rigatoni pasta
- 1/2 tassi kuubikuteks lõigatud pepperoni
- 2 tassi beebispinatit
- 2 tassi marinara kastet
- 1/4 tassi riivitud parmesani juustu
- Purustatud punase pipra helbed (valikuline)
- Oliiviõli
- Sool ja must pipar maitse järgi

JUHISED:
a) Keeda rigatoni pasta vastavalt pakendi juhistele. Nõruta ja tõsta kõrvale.
b) Kuumuta pannil oliiviõli keskmisel kuumusel. Lisa kuubikuteks lõigatud pepperoni ja prae kergelt krõbedaks.
c) Lisa pannile beebispinat ja küpseta, kuni see närbub.
d) Vala sisse marinara kaste ja lase keema tõusta.
e) Viska sisse keedetud rigatoni ja sega, kuni see on kastmega hästi kaetud.
f) Maitsesta soola ja musta pipraga maitse järgi. Soovi korral lisa veidi kuumaks purustatud punase pipra helbed.
g) Enne serveerimist puista pasta peale riivitud Parmesani juustu.

61. Pepperoni ja seente spagetid Aglio e Olio

KOOSTISOSAD:
- 8 untsi spagetid
- 1/2 tassi kuubikuteks lõigatud pepperoni
- 1 tass viilutatud seeni
- 4 küüslauguküünt, õhukeselt viilutatud
- 1/4 tl punase pipra helbeid (valikuline)
- 1/4 tassi hakitud värsket peterselli
- Oliiviõli
- Sool ja must pipar maitse järgi

JUHISED:
a) Keeda spagetid vastavalt pakendi juhistele. Nõruta ja tõsta kõrvale.
b) Kuumuta suurel pannil keskmisel kuumusel oliiviõli. Lisa viilutatud küüslauk ja küpseta kuldseks.
c) Lisa pannile kuubikuteks lõigatud pepperoni ja viilutatud seened. Prae kuni seened on pehmed.
d) Viska sisse keedetud spagetid, punase pipra helbed (kui kasutad) ja hakitud värsket peterselli. Segage, kuni see on küüslauguga infundeeritud õliga hästi kaetud.
e) Maitsesta soola ja musta pipraga maitse järgi.
f) Serveeri kuumalt.

62.Pepperoni ja päikesekuivatatud tomati Pesto Cavatappi

KOOSTISOSAD:
- 8 untsi cavatappi pasta
- 1/2 tassi kuubikuteks lõigatud pepperoni
- 1/3 tassi päikesekuivatatud tomati pestot
- 1/2 tassi kirsstomateid, poolitatud
- 1/4 tassi viilutatud musti oliive
- 1/4 tassi murendatud fetajuustu
- Kaunistuseks värsked basiilikulehed
- Oliiviõli
- Sool ja must pipar maitse järgi

JUHISED:
a) Keeda cavatappi pasta vastavalt pakendi juhistele. Nõruta ja tõsta kõrvale.
b) Kuumuta pannil oliiviõli keskmisel kuumusel. Lisa kuubikuteks lõigatud pepperoni ja prae kergelt krõbedaks.
c) Lisa pannile päikesekuivatatud tomati pesto ja sega ühtlaseks.
d) Viska sisse keedetud cavatappi, kirsstomatid, viilutatud mustad oliivid ja murendatud fetajuust. Sega, kuni see on pestoga hästi kaetud.
e) Maitsesta soola ja musta pipraga maitse järgi.
f) Enne serveerimist kaunista värskete basiilikulehtedega.

63. Pepperoni ja suvikõrvitsa nuudlite segamine

KOOSTISOSAD:
- 8 untsi suvikõrvitsa nuudleid
- 1/2 tassi kuubikuteks lõigatud pepperoni
- 1 tass brokkoli õisikuid
- 1/2 tassi viilutatud paprikat (erinevad värvid)
- 2 spl sojakastet
- 1 spl austrikastet
- 1 spl seesamiõli
- 1 tl hakitud ingverit
- Kaunistuseks seesamiseemned
- Roheline sibul, viilutatud, kaunistuseks

JUHISED:
a) Kuumutage vokkpannil või suurel pannil seesamiõli keskmisel-kõrgel kuumusel. Lisa kuubikuteks lõigatud pepperoni ja prae segades kergelt krõbedaks.
b) Lisa vokkpannile brokoliõisikud ja viilutatud paprika. Prae segades 3-4 minutit, kuni köögiviljad on pehmed-krõbedad.
c) Viska peale suvikõrvitsa nuudlid ja hakitud ingver. Prae segades veel 2-3 minutit.
d) Sega väikeses kausis kokku sojakaste ja austrikaste. Vala kaste nuudlitele ja köögiviljadele, sega ühtlaseks.
e) Enne serveerimist kaunista seesamiseemnete ja viilutatud rohelise sibulaga.

64.Pepperoni ja röstitud punase pipra Fettuccine

KOOSTISOSAD:
- 8 untsi fettuccine pasta
- 1/2 tassi kuubikuteks lõigatud pepperoni
- 1/2 tassi röstitud punast paprikat, viilutatud
- 1 tass Alfredo kastet
- 1/4 tassi riivitud parmesani juustu
- Kaunistuseks värske petersell
- Oliiviõli
- Sool ja must pipar maitse järgi

JUHISED:
a) Keeda fettuccine pasta vastavalt pakendi juhistele. Nõruta ja tõsta kõrvale.
b) Kuumuta pannil oliiviõli keskmisel kuumusel. Lisa kuubikuteks lõigatud pepperoni ja prae kergelt krõbedaks.
c) Lisa pannile röstitud punane paprika ja küpseta veel 2 minutit.
d) Vala sisse Alfredo kaste ja lase keema tõusta.
e) Viska sisse keedetud fettuccine ja riivitud parmesani juust. Segage, kuni see on Alfredo kastmega hästi kaetud.
f) Maitsesta soola ja musta pipraga maitse järgi.
g) Enne serveerimist kaunista värske petersselliga.

65.Pepperoni ja spargli sidruni spagetid

KOOSTISOSAD:
- 8 untsi spagetid
- 1/2 tassi kuubikuteks lõigatud pepperoni
- 1 hunnik sparglit, kärbitud ja hammustussuurusteks tükkideks lõigatud
- 1 sidruni koor ja mahl
- 2 spl oliiviõli
- 1/4 tassi riivitud Pecorino Romano juustu
- Kaunistuseks värsked tüümianilehed
- Sool ja must pipar maitse järgi

JUHISED:

a) Keeda spagetid vastavalt pakendi juhistele. Nõruta ja tõsta kõrvale.

b) Kuumuta suurel pannil keskmisel kuumusel oliiviõli. Lisa kuubikuteks lõigatud pepperoni ja prae kergelt krõbedaks.

c) Lisa pannile sparglitükid ja küpseta pehmeks-krõbedaks.

d) Viska sisse keedetud spagetid, sidrunikoor ja sidrunimahl. Segage, kuni see on hästi segunenud.

e) Puista pastale riivitud Pecorino Romano juust ja sega läbi.

f) Maitsesta soola ja musta pipraga maitse järgi.

PÕHIROOG

66. Pepperoni ja päikesekuivatatud tomati pesto lehtleib

KOOSTISOSAD:
- Lehtleib või pitsakoor
- 1/2 tassi päikesekuivatatud tomati pestot
- 1 tass viilutatud pepperoni
- 1/2 tassi viilutatud musti oliive
- 1 1/2 tassi hakitud mozzarella juustu
- Kaunistuseks värsked basiilikulehed

JUHISED:
a) Kuumuta ahi vastavalt vormileiva või pitsapõhja juhendile.
b) Määri vormileivale päikesekuivatatud tomati pesto.
c) Jaotage peale viilutatud pepperoni ja mustad oliivid ühtlaselt.
d) Puista katetele mozzarella juustu.
e) Küpseta vastavalt vormileiva või pitsapõhja juhendile, kuni juust on sulanud ja mullitav.
f) Enne serveerimist kaunista värskete basiilikulehtedega.

67. Carbquik pizza pajaroog

KOOSTISOSAD:
PAJAROA KOHTA:
- 2 tassi Carbquik
- ½ tl Itaalia maitseainet (või kuivatatud basiilikut ja pune)
- ¼ tl küüslaugupulbrit
- ¼ tl sibulapulbrit
- ¼ teelusikatäit soola
- ¼ tl musta pipart
- 2 suurt muna
- ½ tassi magustamata mandlipiima või kookospiima
- ¼ tassi oliiviõli
- ½ tassi riivitud parmesani juustu

KATTEDE KOHTA:
- 1 tass suhkruvaba pitsakastet või marinara kastet
- 2 tassi riivitud mozzarella juustu
- ½ tassi viilutatud pepperoni

JUHISED:

a) Kuumuta ahi temperatuurini 375 ° F (190 ° C). Määri 9x13-tolline ahjuvorm toiduõli või võiga.

b) Sega kausis kokku Carbquik, Itaalia maitseaine, küüslaugupulber, sibulapulber, sool ja must pipar.

c) Klopi eraldi kausis munad, mandlipiim või kookospiim ja oliiviõli ühtlaseks seguks.

d) Vala märg munasegu kuiva Carbquiki segusse ja sega kuni moodustub paks tainas.

e) Suru tainas ühtlaselt võiga määritud ahjuvormi põhja, et tekiks koorekiht.

f) Puista riivitud Parmesani juust ühtlaselt taignale.

g) Määri suhkruvaba pitsakaste või marinarakaste Parmesani juustu peale.

h) Puista rebitud mozzarella juust ühtlaselt kastmele.

i) Lisa pepperoni ühtlaselt juustule.

j) Küpseta eelkuumutatud ahjus umbes 20-25 minutit või kuni koorik on kuldne ja juust kihisev ja kergelt pruunistunud.

k) Kui see on valmis, eemaldage pajaroog ahjust ja laske sellel enne viilutamist ja serveerimist veidi jahtuda.

l) Nautige oma Carbquiki pitsavormi, mis on madala süsivesikusisaldusega alternatiiv traditsioonilisele pitsale.

68.Pepperoni kana

KOOSTISOSAD:
- 4 keskmist kanarinda; naha ja luudeta
- 14 untsi. tomatipasta
- 1 spl. oliiviõli
- 1 tl. pune; kuivatatud
- 6 untsi mozzarella; viilutatud
- 1 tl. küüslaugupulber
- 2 untsi pepperoni; viilutatud
- Sool ja must pipar maitse järgi

JUHISED:
a) Sega kausis kana soola, pipra, küüslaugupulbri ja punega ning viska läbi.
b) Pange kana fritüüri, küpseta 350 °F juures 6 minutit ja asetage pannile, mis sobib teie õhufritüüriga.
c) Lisage peale mozzarellaviilud, määrige peale tomatipasta, asetage peale pepperoni viilud, pange fritüüri ja küpsetage 350 °F juures veel 15 minutit. Jaga taldrikutele ja serveeri.

69. Pepperoni ja seente kalzone

KOOSTISOSAD:
- Pitsa tainas
- 1/2 tassi pitsakastet
- 1 tass viilutatud seeni
- 1/2 tassi kuubikuteks lõigatud pepperoni
- 1 1/2 tassi hakitud mozzarella juustu
- 1 spl oliiviõli
- Kaunistuseks kuivatatud pune

JUHISED:
a) Kuumuta ahi temperatuurini 425 °F (220 °C).
b) Rulli pitsa tainas jahusel pinnal lahti.
c) Määri pitsakastmega pool tainast, jättes servade ümber äärise.
d) Laota kastmele viilutatud seened ja kuubikuteks lõigatud pepperoni ning puista peale mozzarella juustu.
e) Voldi teine pool taignast katete peale ja suru servad kinni.
f) Pintselda pealt oliiviõliga ja puista peale kuivatatud pune.
g) Küpseta 15-20 minutit või kuni kaltsoon on kuldne ja juust sulanud.
h) Enne viilutamist ja serveerimist lase veidi jahtuda.

70.Pepperoni ja spinati täidisega kana rinnad

KOOSTISOSAD:
- 4 kondita, nahata kanarinda
- 1/2 tassi kuubikuteks lõigatud pepperoni
- 1 tass hakitud värsket spinatit
- 1 tass riivitud mozzarella juustu
- 2 spl oliiviõli
- Sool ja pipar maitse järgi

JUHISED:
a) Kuumuta ahi temperatuurini 375 °F (190 °C).
b) Butterfly iga kanarind.
c) Sega kausis kuubikuteks lõigatud pepperoni, hakitud spinat ja mozzarella juust.
d) Täitke iga kanarind pepperoni ja spinati seguga.
e) Kinnitage vajadusel hambaorkidega.
f) Maitsesta täidetud kanarinnad soola ja pipraga.
g) Kuumuta oliiviõli ahjukindlal pannil keskmisel-kõrgel kuumusel.
h) Pruunista kana mõlemalt poolt, seejärel tõsta pann ahju.
i) Küpseta 20-25 minutit või kuni kana on küps.
j) Lase enne serveerimist puhata.

71.Pitsasupp küüslaugu röstsaia krutoonidega

KOOSTISOSAD:
- 1 purk (28 untsi) tükeldatud tomatid, nõrutatud
- 1 purk (15 untsi) pitsakaste
- 1 kilo kondita nahata kanarinda, lõigatud 1-tollisteks tükkideks
- 1 pakk (3 untsi) viilutatud pepperoni, poolitatud
- 1 tass viilutatud värskeid seeni
- 1 väike sibul, hakitud
- 1/2 tassi hakitud rohelist pipart
- 1/4 tl pipart
- 2 purki (igaüks 14-1/2 untsi) kanapuljongit
- 1 pakk (11-1/4 untsi) külmutatud küüslaugu Texas röstsai
- 1 pakk (10 untsi) külmutatud tükeldatud spinat, sulatatud ja kuivaks pressitud
- 1 tass hakitud osaliselt kooritud mozzarella juustu

JUHISED:
a) Segage esimesed 9 koostisosa 6-kiloses. aeglane pliit. Küpseta madalal kuumusel kaanega 6–8 minutit, kuni kana on pehme.
b) Krutoonid: viiluta Texase röstsai kuubikuteks. Küpsetage vastavalt pakendi juhistele.
c) Pane spinat supi sisse ja kuumuta läbi, aeg-ajalt segades.
d) Pane portsjonite peale soojad krutoonid ja juust. Külmutamine: sügavkülma konteinerites sügavkülma jahutatud supp. Kasutamine: külmikus, sulata osaliselt üleöö. Kuumuta potis läbi, aeg-ajalt segades. Valmistage krutoonid vastavalt juhistele. Pane krutoonid ja juust supi peale.

72. Pepperoni ja maisijahu-koorega kalamari

KOOSTISOSAD:
- 1 nael kalmaarirõngad, puhastatud ja sulatatud, kui need on külmunud
- 1/2 tassi peeneks jahvatatud maisijahu
- 1/2 tassi universaalset jahu
- 1 tl suitsupaprikat
- Sool ja pipar maitse järgi
- 1 tass viilutatud pepperoni
- Marinara kaste dipiks

JUHISED:
a) Sega kausis maisijahu, jahu, suitsupaprika, sool ja pipar.
b) Kastke iga kalamari rõngas maisijahu segusse.
c) Kuumuta pannil õli keskmisel-kõrgel kuumusel.
d) Prae kalamarirõngad kuldpruuniks ja krõbedaks.
e) Praadimise viimasel minutil lisa pannile viilutatud pepperoni.
f) Nõruta paberrätikutel ja serveeri dippimiseks marinara kastmega.

73.Grilli kaltsoonid

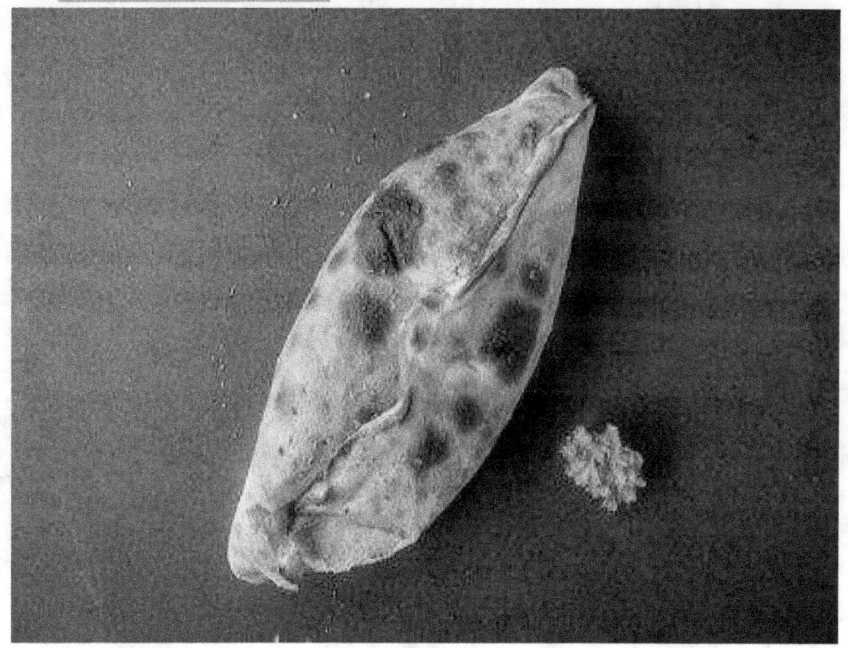

KOOSTISOSAD:
- 2 spl. Margariin või või, pehmendatud
- 8 segmenti Valge võileib
- 1/2 tassi pitsakastet
- 2 tassi riivitud Monterey Jacki juustu
- 12 õhukest salaami- või pepperonitükki
- Soovi korral pitsakaste

JUHISED:
a) Kuumuta söed või gaasigrill. Määri 2 leiva ühele poolele margariini. Asetage 1 segment, margariini pool väljapoole, grillile
b) Tõsta 2 spl pitsakastet leiva keskele . Puista peale 1/2 tassi juustu; pealmine 3 salaami segmenti.
c) Tõsta peale muu leivaosa, margariini pool väljapoole. Sule press; vajadusel lõika üleliigne leib.
d) Grill 4–6 tolli mõõdukast kuumusest 8–10 minutit, keerates üks kord, kuni leib on kuldpruun ja juust sulanud. korrake ülejäänud koostisosadega.
e) Serveeri soojalt pitsakastmega

74. Pepperoni lihapallid

KOOSTISOSAD:
- 2 naela jahvatatud kana
- 1 tl soola või maitse järgi
- 2 muna, lahtiklopitud
- 1 tl pipart või maitse järgi
- ½ naela pepperoni viilud, hakitud
- Kuum kaste maitse järgi (valikuline)

JUHISED:
a) Sega kausis kana, sool, munad, pipar ja pepperoni.

b) Valmistage küpsetusplaat ette, vooderdades see pärgamentpaberiga, ja eelsoojendage ahi 350 ° F-ni.

c) Tehke segust 16 palli ja asetage need ahjuplaadile.

d) Küpseta lihapalle umbes 20-30 minutit või kuni need on pruunid ja küpsed. Visake pallid küpsetamise ajal kaks korda, nii et need küpsevad hästi. Või võite isegi pallid pannil küpsetada.

75.Pepperoni ja köögiviljadega täidetud paprika

KOOSTISOSAD:
- Paprika, poolitatud ja puhastatud
- 1 tass keedetud riisi
- 1/2 tassi kuubikuteks lõigatud pepperoni
- 1/2 tassi kuubikuteks lõigatud tomateid
- 1/2 tassi tükeldatud suvikõrvitsat
- 1/2 tassi riivitud mozzarella juustu
- 1 tl Itaalia maitseainet
- Sool ja pipar maitse järgi

JUHISED:
a) Kuumuta ahi temperatuurini 375 °F (190 °C).
b) Sega kausis keedetud riis, tükeldatud pepperoni, kuubikuteks lõigatud tomatid, tükeldatud suvikõrvits, mozzarella juust, Itaalia maitseaine, sool ja pipar.
c) Täitke iga paprika pool seguga.
d) Aseta täidetud paprikad ahjuvormi ja kata fooliumiga.
e) Küpseta 25-30 minutit või kuni paprika on pehme.
f) Serveeri soojalt.

76.Pepperoni ja köögiviljade stromboli

KOOSTISOSAD:
- Pitsa tainas
- 1/2 tassi pitsakastet
- 1 tass viilutatud paprikat (erinevat värvi)
- 1/2 tassi viilutatud punast sibulat
- 1/2 tassi viilutatud musti oliive
- 1/2 tassi kuubikuteks lõigatud pepperoni
- 1 1/2 tassi hakitud mozzarella juustu
- Oliiviõli harjamiseks

JUHISED:
a) Kuumuta ahi temperatuurini 425 °F (220 °C).
b) Rulli pitsa tainas jahusel pinnal lahti.
c) Määri pitsakaste taignale, jättes servade ümber äärise.
d) Laota kastmele kihiti paprika, punane sibul, mustad oliivid, kuubikuteks lõigatud pepperoni ja mozzarella juust.
e) Rulli tainas tihedalt palgiks ja aseta küpsetusplaadile õmblusega pool allpool.
f) Pintselda pealt oliiviõliga.
g) Küpseta 20-25 minutit või kuni kuldpruunini.
h) Enne viilutamist lase veidi jahtuda.

77.Pepperoni ja Pesto Tortellini küpsetamine

KOOSTISOSAD:
- 1 nael juustu tortellini, keedetud vastavalt pakendi juhistele
- 1/2 tassi kuubikuteks lõigatud pepperoni
- 1 tass kirsstomateid, poolitatud
- 1/2 tassi pesto kastet
- 1 tass riivitud mozzarella juustu
- 1/4 tassi riivitud parmesani juustu
- Kaunistuseks värske basiilik

JUHISED:
a) Kuumuta ahi temperatuurini 375 °F (190 °C).
b) Segage suures kausis keedetud tortellini, kuubikuteks lõigatud pepperoni, kirsstomatid ja pestokaste.
c) Tõsta segu ahjuvormi.
d) Puista peale mozzarella ja parmesani juustu.
e) Küpseta 20-25 minutit või kuni juust on sulanud ja mullitav.
f) Enne serveerimist kaunista värske basiilikuga.

SUPID

78.Pepperoni Pizza Chowder

KOOSTISOSAD:
- 8 untsi Pepperoni, tükeldatud
- 5 untsi Seened, värsked, tükeldatud
- 28 untsi. Tomatid, konserveeritud, tükeldatud, nõrutatud
- 3 untsi Veiseliha põhi
- 1 ea. Kreemjasupi põhi, 25,22 untsi. kott, valmis
- 0,05 untsi Oregano, värske, hakitud
- 1 tl. Valge pipar, jahvatatud
- 16 untsi. Mozzarella juust, riivitud

JUHISED:
a) Hauta pepperoni suures potis keskmisel kuumusel 3–5 minutit. Lisa seened ja tomatid, küpseta veel 5 minutit. Lisa veiselihapõhi, sega ühtlaseks. Lisa kooresupipõhi, pune ja valge pipar, sega korralikult läbi ja kuumuta läbi. Sega juurde mozzarella juust ja kuumuta sulamiseni. Varu soojalt.

b) Taldrikule: Serveeri 10,0 fl. oz. pepperoni Chowder kausis.

79. Hautatud kalkuni tšilli pipraga

KOOSTISOSAD:
- 1 supilusikatäis oliiviõli (extra-virgin)
- 1 keskmine sibul, tükeldatud
- Pepperoni, tükeldatud
- 1-naeline kalkun, mis on 99 protsenti lahja
- 2 purki (15 untsi) pestud ja nõrutatud musti ube
- 2 purki (15 untsi) pestud ja nõrutatud ube
- 2 purki (15 untsi) tomatikastet
- 2 purki (15 untsi) väikeseid kuubikuteks lõigatud tomateid
- 1 purk (16 oz.) hakitud jalapeno paprikat, nõrutatud
- 1 tass külmutatud maisi
- 2 spl tšillipulbrit
- 1 supilusikatäis köömneid
- Soola maitse järgi
- Näputäis musta pipart

JUHISED:
a) Kuumuta pannil õli keskmisel kuumusel.
b) Lisa pannile kalkun ja prae pruuniks.
c) Valage kalkun aeglasesse pliiti.
d) Lisa sibul, pepperoni, tomatikaste, tükeldatud tomatid, oad, jalapenod, mais, tšillipulber ja köömned. Sega läbi ja maitsesta soola ja pipraga.
e) Katke ja küpseta kõrgel temperatuuril 4 tundi või madalal kuumusel 6 tundi.

80. Pepperoni juustusupp

KOOSTISOSAD:
- 1 pint viinamarjatomateid
- 2 spl oliiviõli, jagatud
- 1/2 tl kuivatatud pune
- 1/2 tl pipart, jagatud
- 3/4 tassi hakitud magusat sibulat
- 3/4 tassi hakitud porgandit
- 3/4 tassi hakitud rohelist pipart
- 1 karp (32 untsi) vähendatud naatriumisisaldusega kanapuljong
- 1-1/4 tassi kuubikuteks lõigatud kooritud kartulit
- 3 tassi tükeldatud osaliselt kooritud mozzarella juustu, jagatud
- 2 tassi hakitud valget Cheddari juustu
- 1 pakk (8 untsi) toorjuustu, kuubikuteks
- 1 tass täispiima
- 2 tl pitsat või Itaalia maitseainet
- 1/4 tl purustatud punase pipra helbeid
- 2 pakki (üks 8 untsi, üks 3-1/2 untsi) viilutatud pepperoni, tükeldatud, jagatud

JUHISED:
a) Määrige 15x10x1-tolline küpsetuspann ja asetage tomatid, niristades neile 1/4 tl. pipar, pune ja 1 spl. õli ja segage õrnalt. Küpseta pehmeks või 10-15 minutit 400 kraadi juures, seejärel tõsta kõrvale.
b) Kasutage järelejäänud õli, et praadida sibul Hollandi ahjus pehmeks. Lisage ülejäänud pipar, roheline pipar ja porgand, seejärel hautage veel 4 minutit.
c) Lisage kartulid ja puljong, seejärel laske keema. Alandage kuumust ja keetke suppi kaane all, kuni kartul on pehmenenud või 10–15 minutit, seejärel laske veidi jahtuda.
d) Töötle suppi partiidena, kasutades segisti, kuni see on ühtlane, seejärel pane see täielikult pannile tagasi, kuumutades seda täielikult. Segage piprahelbed, pitsamaitseaine, piim, toorjuust, cheddari juust ja 2 tassi mozzarella juustu, kuni kõik juustud sulavad.
e) Lisage reserveeritud tomatid ja 1 1/3 tassi pepperoni, lastes läbi kuumeneda. Serveeri suppi peperoni ja mozzarella juustust järelejäänuga.

81. Pepperoni ja tomatisupp

KOOSTISOSAD:
- 2 spl oliiviõli
- 1 tass tükeldatud sibulat
- 1 tass tükeldatud sellerit
- 1 tass tükeldatud porgandit
- 2 küüslauguküünt, hakitud
- 1/2 tassi kuubikuteks lõigatud pepperoni
- 1 purk (28 untsi) purustatud tomateid
- 4 tassi kana- või köögiviljapuljongit
- 1 tl kuivatatud basiilikut
- Sool ja pipar maitse järgi
- 1/2 tassi väikest pasta (valikuline)

JUHISED:
a) Kuumuta suures potis keskmisel kuumusel oliiviõli. Lisa sibul, seller ja porgand. Küpseta, kuni köögiviljad on pehmenenud.
b) Lisa hakitud küüslauk ja kuubikuteks lõigatud pepperoni. Küpseta veel 2 minutit.
c) Vala sisse purustatud tomatid ja puljong. Lase keema tõusta.
d) Sega juurde kuivatatud basiilik, sool ja pipar. Soovi korral lisa pasta.
e) Hauta 15-20 minutit, kuni maitsed sulavad ja köögiviljad on pehmed.
f) Serveeri kuumalt.

82.Pepperoni ja oasupp

KOOSTISOSAD:
- 2 spl oliiviõli
- 1 tass tükeldatud sibulat
- 2 küüslauguküünt, hakitud
- 1/2 tassi kuubikuteks lõigatud pepperoni
- 2 purki (igaüks 15 untsi) cannellini ube, nõrutatud ja loputatud
- 4 tassi kana- või köögiviljapuljongit
- 1 tl kuivatatud pune
- Sool ja pipar maitse järgi
- Kaunistuseks värske petersell

JUHISED:
a) Kuumuta supipotis keskmisel kuumusel oliiviõli. Lisa sibul ja küpseta, kuni see on pehme.
b) Lisa hakitud küüslauk ja kuubikuteks lõigatud pepperoni. Küpseta veel 2 minutit.
c) Sega hulka cannellini oad, puljong, kuivatatud pune, sool ja pipar.
d) Lase keema tõusta ja keeda 15-20 minutit.
e) Enne serveerimist kaunista värske peterselliga.

83. Pepperoni ja kartulipüree

KOOSTISOSAD:
- 3 supilusikatäit võid
- 1 tass tükeldatud sibulat
- 2 küüslauguküünt, hakitud
- 1/2 tassi kuubikuteks lõigatud pepperoni
- 4 tassi tükeldatud kartulit
- 4 tassi kana- või köögiviljapuljongit
- 1 tass piima
- 1 tass hakitud Cheddari juustu
- Sool ja pipar maitse järgi
- Kaunistuseks hakitud roheline sibul

JUHISED:
a) Suures potis sulata keskmisel kuumusel või. Lisa sibul ja küpseta läbipaistvaks.
b) Lisa hakitud küüslauk ja kuubikuteks lõigatud pepperoni. Küpseta veel 2 minutit.
c) Lisa kuubikuteks lõigatud kartul ja puljong. Kuumuta keemiseni, seejärel alanda kuumust ja hauta, kuni kartul on pehme.
d) Sega juurde piim, riivitud cheddari juust, sool ja pipar. Küpseta, kuni juust on sulanud.
e) Enne serveerimist kaunista hakitud rohelise sibulaga.

84.Pepperoni ja läätsesupp

KOOSTISOSAD:
- 2 spl oliiviõli
- 1 tass tükeldatud sibulat
- 2 küüslauguküünt, hakitud
- 1/2 tassi kuubikuteks lõigatud pepperoni
- 1 tass kuivatatud läätsi, loputatud ja nõrutatud
- 8 tassi kana- või köögiviljapuljongit
- 1 tl jahvatatud köömneid
- 1/2 tl suitsupaprikat
- Sool ja pipar maitse järgi
- Serveerimiseks värsked sidruniviilud

JUHISED:
a) Kuumuta suures supipotis keskmisel kuumusel oliiviõli. Lisa sibul ja küpseta, kuni see on pehme.
b) Lisa hakitud küüslauk ja kuubikuteks lõigatud pepperoni. Küpseta veel 2 minutit.
c) Sega juurde kuivatatud läätsed, puljong, jahvatatud köömned, suitsupaprika, sool ja pipar.
d) Kuumuta keemiseni, seejärel alanda kuumust ja hauta, kuni läätsed on pehmed.
e) Serveeri kuumalt värskete sidruniviiludega.

85.Pepperoni ja seene odrasupp

KOOSTISOSAD:
- 2 spl oliiviõli
- 1 tass tükeldatud sibulat
- 1 tass tükeldatud sellerit
- 1 tass tükeldatud porgandit
- 2 küüslauguküünt, hakitud
- 1/2 tassi kuubikuteks lõigatud pepperoni
- 8 untsi seeni, viilutatud
- 1 tass pärl otra, loputatud
- 8 tassi veise- või köögiviljapuljongit
- 1 tl kuivatatud tüümiani
- Sool ja pipar maitse järgi

JUHISED:
a) Kuumuta suures potis keskmisel kuumusel oliiviõli. Lisa sibul, seller, porgand ja küüslauk. Küpseta, kuni köögiviljad on pehmenenud.
b) Lisa kuubikuteks lõigatud pepperoni ja viilutatud seened. Küpseta veel 3-5 minutit.
c) Sega juurde oder, puljong, kuivatatud tüümian, sool ja pipar. Lase keema tõusta.
d) Hauta umbes 40–45 minutit või kuni oder on pehme.
e) Serveeri kuumalt.

86.Pepperoni ja valge oa eskaroolisupp

KOOSTISOSAD:
- 2 spl oliiviõli
- 1 tass tükeldatud sibulat
- 2 küüslauguküünt, hakitud
- 1/2 tassi kuubikuteks lõigatud pepperoni
- 1 hunnik eskarooli, tükeldatud
- 2 purki (igaüks 15 untsi) cannellini ube, nõrutatud ja loputatud
- 8 tassi kana- või köögiviljapuljongit
- 1 tl kuivatatud rosmariini
- Sool ja pipar maitse järgi

JUHISED:
a) Kuumuta supipotis keskmisel kuumusel oliiviõli. Lisa sibul ja küpseta läbipaistvaks.
b) Lisa hakitud küüslauk ja kuubikuteks lõigatud pepperoni. Küpseta veel 2 minutit.
c) Sega juurde tükeldatud eskarool, cannellini oad, puljong, kuivatatud rosmariin, sool ja pipar.
d) Lase keema tõusta ja keeda umbes 15-20 minutit.
e) Serveeri kuumalt.

87. Pepperoni ja Tortellini supp

KOOSTISOSAD:
- 2 spl oliiviõli
- 1 tass tükeldatud sibulat
- 2 küüslauguküünt, hakitud
- 1/2 tassi kuubikuteks lõigatud pepperoni
- 6 tassi kana puljongit
- 1 pakk (umbes 20 untsi) juustutortellini
- 1 purk (14 untsi) kuubikuteks lõigatud tomateid
- 1 tl kuivatatud Itaalia maitseainet
- Sool ja pipar maitse järgi
- Kaunistuseks värske basiilik

JUHISED:
a) Kuumuta suures potis keskmisel kuumusel oliiviõli. Lisa sibul ja küpseta, kuni see on pehme.
b) Lisa hakitud küüslauk ja kuubikuteks lõigatud pepperoni. Küpseta veel 2 minutit.
c) Vala kanapuljong ja aja keema. Lisa juustutortellini ja küpseta vastavalt pakendi juhistele.
d) Segage kuubikuteks lõigatud tomatid, kuivatatud Itaalia maitseained, sool ja pipar.
e) Hauta 5-7 minutit. Enne serveerimist kaunista värske basiilikuga.

88.Pepperoni ja spinati Orzo supp

KOOSTISOSAD:

- 2 spl oliiviõli
- 1 tass tükeldatud sibulat
- 2 küüslauguküünt, hakitud
- 1/2 tassi kuubikuteks lõigatud pepperoni
- 1 tass orzo pasta
- 8 tassi kana- või köögiviljapuljongit
- 4 tassi värskeid spinati lehti
- 1/2 tassi riivitud parmesani juustu
- Sool ja pipar maitse järgi

JUHISED:

a) Kuumuta supipotis keskmisel kuumusel oliiviõli. Lisa sibul ja küpseta läbipaistvaks.
b) Lisa hakitud küüslauk ja kuubikuteks lõigatud pepperoni. Küpseta veel 2 minutit.
c) Sega juurde orzo pasta ja puljong. Kuumuta keemiseni ja keeda, kuni orzo on küps.
d) Lisa värske spinat ja küpseta, kuni see närbub.
e) Maitsesta soola ja pipraga ning enne serveerimist sega peale riivitud parmesani juustu.

SALATID

192

89.Tortellini salat

KOOSTISOSAD:
- 1 pakk kolmevärvilist juustutortellinit
- ½ tassi kuubikuteks lõigatud pepperoni
- ¼ tassi viilutatud talisibulat
- 1 kuubikuteks lõigatud roheline paprika
- 1 tass poolitatud kirsstomateid
- 1¼ tassi viilutatud Kalamata oliive
- ¾ tassi hakitud marineeritud artišokisüdameid
- 6 untsi kuubikuteks lõigatud mozzarella juustu
- ⅓ tassi Itaalia kastet

JUHISED:
a) Küpseta tortellini vastavalt pakendi juhistele, seejärel nõruta.
b) Viska tortellini koos ülejäänud koostisosadega, välja arvatud kaste, suurde segamisnõusse.
c) Nirista peale kaste.
d) Jäta 2 tunniks jahtuma.

90.Antipasto Wontoni salat

KOOSTISOSAD:
- 4 tassi segatud rohelisi
- 1/4 tassi viilutatud salaamit
- 1/4 tassi viilutatud pepperoni
- 1/4 tassi viilutatud provolone juustu
- 1/4 tassi viilutatud röstitud punast paprikat
- 8 wontoni ümbrist, praetud ja tükeldatud

RIIDEMINE:
- 2 spl punase veini äädikat
- 1 spl oliiviõli
- 1 küüslauguküüs, hakitud
- Sool ja pipar maitse järgi

JUHISED:
a) Segage suures kausis segatud rohelised, viilutatud salaami, viilutatud pepperoni, viilutatud provolone juust ja viilutatud röstitud punane paprika.
b) Kastme valmistamiseks vispelda väikeses kausis punase veini äädikas, oliiviõli, hakitud küüslauk, sool ja pipar.
c) Vala kaste salatile ja sega ühtlaseks.
d) Kõige peale hakitud praetud wontonid.
e) Serveeri kohe.

91.Pepperoni ja pasta salat

KOOSTISOSAD:
- 2 tassi keedetud pastat (nt rotini või fusilli), jahutatud
- 1/2 tassi kuubikuteks lõigatud pepperoni
- 1/2 tassi kirsstomateid, poolitatud
- 1/4 tassi viilutatud musti oliive
- 1/4 tassi kuubikuteks lõigatud kurki
- 1/4 tassi kuubikuteks lõigatud punast paprikat
- 1/4 tassi hakitud mozzarella juustu
- Itaalia kaste
- Kaunistuseks värske petersell

JUHISED:
a) Segage suures kausis keedetud pasta, kuubikuteks lõigatud pepperoni, kirsstomatid, mustad oliivid, kurk, punane paprika ja hakitud mozzarella juust.
b) Nirista üle Itaalia kastmega ja sega kokku.
c) Enne serveerimist kaunista värske peterselliga.

92.Pepperoni ja Caesari salat

KOOSTISOSAD:
- 4 tassi hakitud rooma salatit
- 1/2 tassi kuubikuteks lõigatud pepperoni
- 1/4 tassi riivitud parmesani juustu
- 1/2 tassi krutoone
- Caesari kaste
- Värskelt jahvatatud must pipar

JUHISED:
a) Sega suures kausis hakitud rooma salat, kuubikuteks lõigatud pepperoni, riivitud parmesani juust ja krutoonid.
b) Nirista üle Caesari kastmega ja sega ühtlaseks katteks.
c) Enne serveerimist puista peale värskelt jahvatatud musta pipart.

93.Pepperoni ja kikerhernesalat

KOOSTISOSAD:
- 2 tassi segatud salatirohelist
- 1/2 tassi kuubikuteks lõigatud pepperoni
- 1 purk (15 untsi) kikerherneid, nõrutatud ja loputatud
- 1/2 tassi kirsstomateid, poolitatud
- 1/4 tassi viilutatud kurki
- 1/4 tassi viilutatud punast sibulat
- Feta juust mureneb
- Kreeka kaste
- Kaunistuseks Kalamata oliivid

JUHISED:
a) Sega suures kausis segatud salatiroheline, kuubikuteks lõigatud pepperoni, kikerherned, kirsstomatid, kurk ja punane sibul.
b) Puista peale fetajuustupuru ja nirista peale Kreeka kaste. Viska kombineerimiseks.
c) Enne serveerimist kaunista Kalamata oliividega.

94.Pepperoni ja avokaado Caprese salat

KOOSTISOSAD:
- 4 tassi segatud salatirohelist
- 1/2 tassi kuubikuteks lõigatud pepperoni
- 1 tass kirsstomateid, poolitatud
- 1 avokaado, tükeldatud
- 1/2 tassi värskeid mozzarella palle
- Balsamico glasuur
- Kaunistuseks värsked basiilikulehed

JUHISED:
a) Sega suures kausis segatud salatirohelised, kuubikuteks lõigatud pepperoni, kirsstomatid, kuubikuteks lõigatud avokaado ja värsked mozzarellapallid.
b) Nirista üle balsamico glasuuriga ja sega õrnalt läbi.
c) Enne serveerimist kaunista värskete basiilikulehtedega.

95.Pepperoni ja Quinoa salat

KOOSTISOSAD:
- 2 tassi keedetud kinoat, jahutatud
- 1/2 tassi kuubikuteks lõigatud pepperoni
- 1/2 tassi kurki, tükeldatud
- 1/2 tassi kirsstomateid, poolitatud
- 1/4 tassi punast sibulat, peeneks hakitud
- 1/4 tassi fetajuustu mureneb
- Sidrunivinegreti kaste
- Kaunistuseks värske petersell

JUHISED:
a) Segage suures kausis keedetud kinoa, kuubikuteks lõigatud pepperoni, kurk, kirsstomatid, punane sibul ja fetajuustu.
b) Nirista sidrunivinegretikastmega ja sega kokku.
c) Enne serveerimist kaunista värske peterselliga.

96.Pepperoni ja spinati maasikasalat

KOOSTISOSAD:
- 4 tassi beebispinatit
- 1/2 tassi kuubikuteks lõigatud pepperoni
- 1 tass värskeid maasikaid, viilutatud
- 1/4 tassi viilutatud mandleid
- Fetajuust mureneb
- Balsamico vinegreti kaste

JUHISED:
a) Sega suures kausis beebispinat, kuubikuteks lõigatud pepperoni, viilutatud maasikad, viilutatud mandlid ja fetajuustu murenemine.
b) Nirista üle balsamico vinegreti kastmega ja sega õrnalt läbi.

97.Pepperoni ja kikerherne Kreeka salat

KOOSTISOSAD:
- 4 tassi hakitud rooma salatit
- 1/2 tassi kuubikuteks lõigatud pepperoni
- 1 purk (15 untsi) kikerherneid, nõrutatud ja loputatud
- 1/2 tassi kirsstomateid, poolitatud
- 1/4 tassi viilutatud kurki
- 1/4 tassi viilutatud punast sibulat
- Kalamata oliivid
- Feta juust mureneb
- Kreeka kaste

JUHISED:
a) Sega suures kausis kokku tükeldatud rooma salat, kuubikuteks lõigatud pepperoni, kikerherned, kirsstomatid, kurk, punane sibul, Kalamata oliivid ja fetajuustu purud.
b) Nirista üle Kreeka kastmega ja sega õrnalt läbi.

MAGUSTOIT

98. Pepperoni ja šokolaadikoor

KOOSTISOSAD:
- Tume šokolaad või piimašokolaad, sulatatud
- Mini pepperoni viilud
- Purustatud kringlid
- Hakitud pähklid (valikuline)

JUHISED:
a) Vooderda ahjuplaat küpsetuspaberiga.
b) Vala sulatatud šokolaad küpsetuspaberile, aja see ühtlaselt laiali.
c) Puista šokolaadile mini pepperoni viilud, purustatud kringlid ja hakitud pähklid.
d) Lase šokolaadil külmkapis taheneda.
e) Kui see on hangunud, purustage koor tükkideks ja nautige seda magusat ja soolast suupistet.

99.Vahtra Pepperoni koogikesi

KOOSTISOSAD:
- Teie valitud tassikoogitainas
- Vahtra härmatis
- Kaunistuseks krõbedaks keedetud pepperoni

JUHISED:
a) Küpseta oma lemmikkoogikesi retsepti või karbi järgi
b) Pärast jahtumist määri koogikesi vahtraglasuuriga.
c) Kaunista iga kooki krõbedaks keedetud pepperoni tükiga.

100.Pepperoni pizza kook

KOOSTISOSAD:
- 2 purki (13,8 untsi) jahutatud pitsakoor
- 1 1/2 tassi pitsakastet (15 untsi purgist)
- 3 tassi hakitud mozzarella juustu (12 untsi)
- 1 tass viilutatud pepperoni
- Soovi korral 1 spl võid

JUHISED:

a) Kuumuta ahi temperatuurini 400 ° F. Piserdage suurele küpsiseplaadile kergelt küpsetussprei või niristake oliiviõliga.

b) Mööda kõrge küljega ahjuvormi läbimõõt. (Kasutatud pann oli 6-tollise läbimõõduga 4-tollise kõrge küljega.) Rullige tööpinnale lahti 1 purk tainast; suru õhukeseks kihiks välja. Lõika välja 3 (6-tollist) ringi; asetage küpsiseplaadile. Küpseta 8 minutit. Eemaldage küpsiseplaadilt jahutusrestile; lahe.

c) Rullige lahti ülejäänud taignapurk; lõika taigna pikast servast veel 2 (6-tollist) ringi, jättes vastaskülg puutumata. Asetage ringid jahtunud küpsiseplaadile. Küpseta 8 minutit. Eemalda küpsiselehelt; lahe.

d) Vahepeal vooderda pann küpsetuspaberiga nii, et paberiotsad jääksid üles ja jääksid vormist välja. Lõika taignast pikk riba vähemalt 1/2 tolli laiemaks kui panni kõrgus. Katke pikk taignariba ettevaatlikult ümber panni siseserva, jättes 1/2 tolli rippuma üle panni välisserva ja panni põhja lahti. Pigistage õmblus tihendamiseks.

e) Asetage 1 osaliselt küpsenud koorik ettevaatlikult vormi põhja. Määri pitsakastmega koorik; tõsta peale pepperoni viilud ja puista peale mozzarella juustu (kui juust sulab, jääb peal olev koorik külge). Korrake, et teha veel 3 kihti. Pealmise kihi jaoks asetage viimane koorik juustu peale; puista peale ülejäänud juust ja laota peale ülejäänud pepperoni.

f) Murra üleulatuv tainas pitsatordi pealmisele kihile, et tekiks kõrgendatud kooriku serv.

g) Küpseta 20–25 minutit või kuni pitsakoogi ümber olev tainas on täielikult küpsenud.

h) Kui see on täielikult küpsetatud, jahutage pannil 5 minutit. Eemalda pitsakook pannilt; pintselda koorik võiga. Kasutage teravat nuga, et lõigata viilud nagu kooki.

KOKKUVÕTE

Kui lõpetame oma uurimise pepperoni vürtsika maailmaga, loodame, et olete nautinud mitmekesist ja suussulavat retseptide hulka, mis on esitatud raamatus "TÄIELIK PEPPERONI KOKARAAMAT". Alates klassikalistest lemmikutest ja lõpetades julgete ja leidlike loomingutega – see kollektsioon annab tunnistust pepperoni mitmekülgsusest ja ajatust veetlusest köögis.

Nende 100 retseptiga katsetades avastate uusi viise, kuidas oma roogadesse selle armastatud vinnutatud liha julgeid maitseid lisada. Olenemata sellest, kas olete otsustanud luua vapustava pepperoni täidisega meistriteose või valinud oma lemmiktoidu peene täiustamise, usume, et teie kulinaarsed seiklused on olnud nii põnevad kui ka rahuldust pakkuvad.

Kui naudite oma pepperoniga rikastatud loomingu viimaseid suupisteid, loodame, et see kokaraamat on inspireerinud teid jätkama oma kulinaarse loovuse piire nihutama. Alates perekondlikest koosviibimistest kuni õdusate õhtuteni – laske pepperoni vürtsikal maailmal teie toidukordadele põnevust ja maitset lisada.

Siin on maitsekas teekond ja olgu teie köök igavesti täidetud pepperonist inspireeritud naudingute ahvatleva aroomiga!

www.ingramcontent.com/pod-product-compliance
Lightning Source LLC
Chambersburg PA
CBHW071858110526
44591CB00011B/1467